KB130996

되는 사람들의 비밀

성취력

•• 추천사 ••

저자를 처음 봤을 때는 대학교를 갓 졸업한 열정 넘치는 청년이었습니다. 그 열정에 매료되어 BMW입사를 권유했고, 저의 판단은 정확했습니다. 저자는 직원들 중에서 판매나 인격 모두 최고의 영업사원이었습니다. 뛰어난 실적을 쌓았고 그 비결은 단순히 물건을 파는 것이 아닌 사람의 마음을 사는 것이었습니다. BMW를 떠날 때 잡지 않았습니다. 어느 곳에서도 더 큰 일을 해낼 것이라는 믿음이 있었기 때문이었습니다. 지금 그 성과로 '성취력'이라는 책을 집필한 것 같습니다. 저자는 앞으로도 더 큰 성과를 이룰 것이라 확신합니다.

_ 행복나눔대학 이상범 교수 (전 BMW 그랜드모터스 지점장)

저자를 처음 만난 것은 대학 선배로 2004년입니다. 그 이후 사회생활에서 직장 상사로 지금까지 현재는 함께 일하는 연구소의 소장입니다. 다양한 일을 함께 기획하고 도전했습니다. 지난 14년이라는 긴 시간 동안 함께 할 수 있었던 것은 '한 번 뱉은 말은 꼭 지킨다.'는 신뢰가 있었기 때문입니다. 곁에서 지켜본 저자는 정말 부지런하고 열정적인 사람입니다. 어떻게 저 많은 일들을 해낼 수 있었을까! 아마도 '성취력' 덕분이라 생각됩니다. 이 책을 읽는 분들은 저자의 삶과 함께 되는 사람들의 비밀 '성취력'을 배울 수 있을 것입니다.

_ 반짝이는미래계획연구소 민선기 실장 (대학후배)

함께 지내오며 업무에 대한 파악과 처리 능력에 감탄하고는 했습니다. 글을 읽고서야 저자의 성장이 어려운 환경 속에서 다양한 경험을 통해 이뤄진 것임을 알게 되었습니다. '성취'라는 주제의 이야기는 미래를 고민하는 많은 청춘들에게 좋은 길잡이가 될 것입니다. 늘 함께하겠습니다!

_ 더불어민주당 경기도당 **박광온** 위원장 (19, 20대 국회의원)

누군가는 주변의 눈치를 보며 퇴근을 미루고 있을 때, 당당하게 가장 먼저 퇴근하는 친구였습니다. 시간을 허투루 쓰지 않았고 진정 일을 즐기는 듯 보였습니다. 누구에게도 휘둘리지 않고 당당하게 자신이 믿는 바대로 나아가는 모습이 멋진 친구입니다. 퇴사 후에도 다양한 일을 하며 바쁘게 살아가는 모습을 보니 언젠가 큰일을 해낼 것이라는 믿음이 생깁니다.

_ 안진회계법인 **이주혁** 고문 (전 현대라이프 대표이사)

제가 삼성생명에서 일하면서 이룬 큰 업적 중 하나가 저자와의 인연입니다. 혁신을 추구하고 처음부터 뚜렷한 목표를 가져 배울 것이 많았습니다. 처음부터 실력이 뛰어난 직원은 아니었습니다. 하지만 부족한 것을 노력으로 극복하고, 특유의 친화력 덕분에 사람들과 쉽게 어울리는 강점을 가지고 있었습니다. 자신이 믿는 것에 대한 확신이 있어 그것이 사람들에게 믿음을 주었던 것이지요. 지금 보면 그때부터 '성취력'을 알았기 때문인 것 같습니다.

_ 삼성충청법인 **배정현** 대표 (전 삼성생명 SA사업부 청주지점장)

지금 당장 당신이 생각만 하고 있는

그것을 현실로 만들어라!

되는 사람들의 비밀

생각한 것을 현실로 만들어내는 힘!

| 이상훈 지음 |

생각한 것을 현실로 만들어내는 힘!
나만의 성취력을 키우세요!

4차 산업혁명이다. 인공지능이다. 우리는 당장 앞을 예측할 수 없는 불확실한 시대에 살고 있다. 어느 포럼에서 우리나라의 손꼽히는 미래학자가 이런 말을 했다.

"'앞으로 미래는 어떻게 될 것 같다. 혹은 세상은 이렇게 바뀌게 될 겁니다.' 이렇게 단정적으로 말하는 사람은 모두 사기꾼입니다. 저도 미래학을 전공했고 대학에서 강의하고 있지만, 함부로 내일을 말하기 힘들 정도로 우리는 바로 앞을 예측하기 힘든 혼란의 시대에 살고 있습니다."

원래 인생은 알 수 없다. 특히 지금은 그 어느 때보다 더 큰 변화의 돌풍 앞에 서 있다.

　20대는 취업과 미래의 걱정으로 30대는 발전 없이 반복되는 직
장생활에 40대는 현실과 타협하고 새롭게 도전할 수 없는 자신의
모습에 지치고 힘들고 두려워하며 산다. 하지만 누구나 마음속
한 편에는 지금보다 밝은 내일을 기대하며 막연한 희망으로 반복
되는 하루를 버티고 있다.

　"안 되는 것을 억지로 하지 말라!
　내가 잘할 수 있는 그것을 시작하라!"

　나는 자신 있게 말할 수 있다. 절대로 남의 성공담이나 자기계
발서에 나온 이야기처럼 내가 될 일은 없다.

　이제는 혼자 뛰어나서 성공하는 시대는 끝났다. 각자가 갖고
있는 능력들이 하나로 모아져 집단지성을 통해 문제를 해결하고
역량을 극대화하는 공유의 시대가 시작된 것이다. 그래서 중요한
것이 내가 누군가에게 필요한 사람으로 인식되는 것이다.

　나는 시골에서 태어난 것치고는 한때 유복한 유년 시절을 보냈
다. 아버지는 사업이 잘되어 건물을 보유하고 있었고 운전기사라

는 존재가 흔하지 않았던 시대에 기사님이 승용차로 학교 앞까지 데려다주었다. 그리고 새 옷 사기도 힘든 옛날에 맞춤 정장을 초등학교 때 입고 다닐 정도로 부유한 집안에서 살았다.

하지만 생각지 못한 한순간의 사고로 아버지 회사는 어려워졌고 어쩔 수 없이 잦은 이사를 하게 되었다. 가세는 기울어 결국 마지막 이사한 집은 방 한 칸의 사글세 집이었다.

차라리 처음부터 없었다면 누리고 있던 것들이 없어서 잘 모르고 지나갔을 것이다. 하지만 있다가 없어지면서 느끼는 상실감은 이루 말할 수 없었고 자존심은 물론 그 충격에서 빠져나오기 너무 힘들었다. 드라마에서나 볼 법한 상황을 직접 겪으며 나 또한 드라마처럼 극단적인 생각을 하게 만들었다. 심심하면 주인집 아주머니는 나를 의심했고 물건이 없어지면 우리 남매는 매번 도둑으로 몰리기 일쑤였다.

남의 집으로 파출부 일을 하러 다니는 어머니와 중고차를 빌려 아이들 등하교를 시켜주는 기사로 일하는 아버지의 노력에도 불구하고 형편은 크게 나아지지 않았다. 결국 나는 가족들과 떨어져 근처의 두부 할머님 댁에 붙어있는 사글셋방에 혼자 살기도 했고 보일러가 없는 냉방에서 3년의 추운 겨울을 지내기도 했다. 지금도 그때의 추위는 잊을 수가 없다.

너무나도 가족들과 함께 살고 싶었다. 어린 나이에 남의 집에 외롭게 혼자 사는 고통은 말할 수 없었다. 그래서 알아보니 한 달에 20만 원만 더 있으면 가족들과 떨어져 지내지 않고 함께 살 수 있다는 것을 알게 되었고 어떻게 하면 그 돈을 마련할 수 있을지 매일 고민했다.

그렇게 중학교 2학년에 아르바이트를 시작했다. 당시 '알라딘 286'이라는 퍼스널 컴퓨터가 보급되기 시작했던 시기였는데 '삼성컴퓨터밸리'라는 지금의 판매 대리점에서 하드웨어 설치와 함께 프로그램을 세팅해주는 일을 시작한 것이다. 학교 끝나고 일을 하거나 주말에 나가서 일을 도와주고 결국 20만 원이라는 당시 큰돈을 월급으로 받았다. 나는 다시 가족들과 함께 살 수 있었다.

그때부터 깨닫게 되었다. '강력한 성취력'만이 내가 처한 문제를 해결할 수 있다는 것을 알게 된 것이다.

내가 잘할 수 있는 일을 찾고 열심히 하면 반드시 누군가에게 필요한 사람이 된다. 누군가에게 필요한 사람이 된다는 것은 언제든지 나의 능력으로 지금의 문제를 해결할 수 있는 힘을 갖게 된다는 것을 의미한다.

내가 무언가를 이루고 말겠다는 성취력이 있어야 결과도 원하는 만큼의 수준을 만들 수 있다. 지금은 성취력을 알게 된 당시의 좋은 경험에 감사한다.

성취력을 알게 된 이후부터 어떤 어려움과 힘든 시기도 잘 이겨낼 수 있었다. 원하는 목표를 하나씩 이루어 가기 시작했고 드디어 집안 형편도 좋아지기 시작했다. 그 경험은 나에게 모든 일을 대하는 생각과 태도를 변화시켰다.

누군가는 '어떤 일이 가능할까?'라고 고민하고 있는 시간에 나는 '어떻게 하면 가능하게 만들 수 있을까?'를 생각한다. 결국, 고민만 하는 사람들과 나의 결과가 확연히 차이 나는 일들을 여러 차례 경험하게 된다.

성취력은 시작부터 다르다. 어떤 일을 무조건 가능하다고 생각하고 시작하는 것이다. 단지 시간의 문제일 뿐이다. 마음가짐의 차이가 결국 결과를 결정한다.

시작을 두려워하는 사람, 중간에 포기하는 사람, 결과가 안 나와서 지치는 사람 모두 바뀔 수 있다. 시작부터 된다고 생각하는 순간, 그것은 이뤄진 일이 되는 것이다. 성취력은 자신감을 부여하고 자신의 능력이나 원하는 것을 얻게 해주는 최소한의 시작이다.

당신의 마음속에 성취력을 장착하고 지금 당장 결과를 입력하라. 원하는 모든 것을 이룰 수 있다. 다소 시간이 걸리더라도 반드시 그것을 얻게 될 것이다. 그사이 생각하지 않은 재능을 찾거나 또 다른 분야에 식견을 깨닫게 될 수도 있다. 그런 자신감 넘치는 여러분의 모습에 누군가 기대하지 않은 도움도 받게 될 것이다.

성취력은 누구나 마음먹는 순간 쉽게 시작할 수 있지만 누구나 결과를 누릴 수 있는 것은 아니다. 성취의지에 따라서 결과가 달라지기 때문에 배워야 하고 훈련이 필요하다. 많은 사람들이 허황된 결과를 꿈꾸고 도전하다가 상상만 하고 결과 없이 조금 시작하다 말고 끝난다.

하지만 성취력은 끝까지 간다. 결과가 나올 때까지 반드시 만들어 낸다. 능력이 있어서 살아남는 것이 아니라 끝까지 살아남아서 결과를 만들어내기 때문에 능력을 인정받는 것이다.

가끔 주변에 보면 이상할 정도로 근거 없는 자신감으로 무장된 사람들을 만난다. 하지만 그런 사람들 중 성취력을 경험한 사람이라면 그것은 근거 없는 자신감이 아니다. 바로 성취력으로 행복한 하루를 살고 있는 사람이다. 어차피 시간의 문제라면 무엇이든 결과는 정해져 있고 그 결과를 향해 열심히 하루를 살면 그만인 것이다. 그렇기 때문에 나이를 떠나서 누구를 만나든 가슴 뛰는 설렘으로 사람을 대할 수 있고 즐겁게 그 시간을 즐기며 일을 할 수 있는 것이다.

당신도 누릴 수 있다. 20대의 고민도 30대의 혼란도 40대의 걱정도, 머릿속 복잡하게 자리 잡고 있는 모든 것들을 내려놓고 결과를 확신하라. 내가 믿지 않으면 어느 누구도 내가 하고 있는 일이 잘될 것이라고 믿어주지 않는다. 나는 내 일의 결과에 확신을 갖고 매일 성취력으로 무장하고 지치지 않는 열정으로 원하는 결과를 하나씩 만들어가고 있다.

이 책에서는 성취력이 무엇인지, 어떻게 실천해야 하는지, 성공한 사람들은 성취력을 어떻게 활용하고 있는지 자세히 알려줄 것이다. 여기서 나오는 사례는 실제로 나와 친분이 있는 사람들의 이야기이거나 내가 직접 경험했던 성취력의 다양한 결과물에 대한 사례들이다.

이 책을 읽는 당신도 성취력을 경험하면서 변화된 삶과 함께 당신을 대하는 주변 사람들의 변화도 같이 느꼈으면 한다. 결과는 정해져 있다. 당신이 성취력을 배우는 순간 가슴 뛰는 삶의 즐거움을 마음껏 누릴 수 있을 것이다. 지금 당장 당신이 생각만 하고 있는 그것을 현실로 만들어라!

반짝이는 미래계획연구소

소장 이상훈

C o n t e n s

2강 | 이것이 성취력이다

3강 | 나는 성취력 전문가

4강 | 결과로 말하라!

5강 | 이렇게 성취하라!

6강 | 성취력을 키워라!

1강

왜? 성취력인가?

01

성취력도 배울 수 있다

세상은 넓고 할 일은 많다. 하고 싶은 것도, 갖고 싶은 것도, 가보고 싶은 곳도 많다. 평생을 살면서 경험할 수 있는 모든 것들을 다 하고 싶은 것이 사람 욕심이다. 하지만 현실은 그렇지 못하다. 과연 내가 하고 싶은 대로 하면서 사는 사람이 몇이나 될까?

취업 경쟁은 날이 갈수록 치열해지고 코앞에 온 4차 산업의 혼란 속에서 우리 모두는 당장 앞날이 불확실한 상황이다. 대다수가 오늘 하루를 버텨내기도 힘들어하는 것이 현실이다. 그럼에도 주변에 잘 찾아보면 뭐가 그리 즐거운지 매일 신나고 자신 있게 일하고 본인의 의지대로 행복한 삶을 누리며 사는 사람들이 있다. 바로 성취력이다. 누군가는 안 될 것이라고 생각하고 포기하는 것을 당연히 가능한 것이라고 정의하고 시작하는 사람, 성취력을 경험한 사람이라면 어떤 어려움도 충분히 가능한 일이 된다.

포기하지 않으면 길은 있다

'N포세대'라는 말이 백과사전에 나온다. 연애, 결혼, 출산 3가지를 포기한 세대를 '삼포세대'라고 처음 말하기 시작하면서부터 집과 경력을 포함해서 '오포세대'. 희망, 취미와 인간관계까지 포함해서 '칠포세대'라고 말한다.

현재 많은 대한민국의 20대, 30대의 젊은이들이 치솟는 물가, 등록금, 취업난, 집값 등 경제적, 사회적 압박으로 연애와 결혼은 물론 출산을 기약 없이 미루고 있는 것이다. 어떻게 보면 한참 도전하고 경험하고 성취하고 해야 할 시기에 처음부터 현실의 벽에 부딪혀 너무 빨리 포기하고 사는 것은 아닌지 안타까운 현실이다.

이런 상황에서 나는 N포세대에 들어갈 최적의 조건을 갖추고 있었다. 지방대 출신, 비인기 전공, 낮은 성적, 자격증도 영어성적도 없는 나는 취업하기에는 최악의 상황이었다. 하지만 포기하지 않았다. 우선 졸업을 앞두고 여러 곳에 이력서를 내고 문을 두드렸다. 부족한 부분보다 잘할 수 있는 것들과 지금까지의 경험들을 어필하여 면접에서 좋은 결과도 있었다. 결국 지원조건에 나와 있는 자격은 나에게 큰 장애물이 되지는 않았다.

몇 개의 회사 중 고민 끝에 BMW 코리아의 딜러사인 그랜드모터스에 취업하게 되었다. 그렇게 나의 첫 직장은 멋진 정장에 수입차를 타고 다니는 곳으로 정해진 것이다.

간절히 원하면 반드시 귀인을 만난다

사실 몇 개의 대기업과 중소기업에 이력서를 내고 면접도 진행되었다. 잘나가는 금융회사에 취업할 기회도 있었지만 가고 싶을 만큼 매력적인 회사는 아니었다. 하지만 BMW는 조금 달랐다. 우선 사회 초년생으로서 성공한 사람들의 인생은 어떤지 궁금했고 그들을 통해서 간접 경험을 할 수 있다는 기대감도 있었기 때문에 다른 회사보다 우선 선택하게 된 것이다. 하지만 입사조건이 사회초년생을 쉽게 받아줄 수 있는 회사는 아니었다. 특히 세일즈 경험이 부재하고 사회 경험이 없는 사람을 선뜻 뽑아줄 리가 없었다.

어떻게 하면 입사할 수 있을지 방법을 수없이 생각하고 한순간도 취업 이외에 다른 생각을 하지 않을 정도로 간절히 입사하고 싶었다. 주변의 선배들께 조언도 구하고 혹시 관련된 사람은 없는지, 도움을 줄 사람은 없는지 찾던 중 대학원 1년 선배가 BMW 지점장이라는 것을 알게 되었다. 역시 간절히 원하면 하늘도 감동한다고 했다. 우리 기수 회장으로 그분과 대학원 원우회 간부로 함께 일하게 되었고 추천으로 어렵지 않게 BMW 그랜드모터스에 입사하게 된다. 그분이 지금까지도 변함없이 나의 멘토가 되어주신 현대자동차 최연소 판매왕 이상범 교수님이다.

┃ 생각하고 마음먹고 시작하면 된다

사실 처음부터 그런 자신감과 확신을 갖게 된 것은 아니다. 그런데 어느 순간 깨닫게 되는 일이 있었다. 똑같은 일을 하면서 A와 B 두 사람이 각각 '된다'와 '안 된다'로 생각이 달랐을 때 A와 B의 태도가 다르다는 것이다.

A는 된다고 생각했기 때문에 어떻게든 될 수 있는 방법을 찾고 그 문제를 해결하기 위해 시간을 투자한다. 하지만 B는 안된다고 생각하고 시작했기 때문에 처음부터 포기하고 문제 해결보다는 전혀 다른 일에 관심을 갖는 것이다. 당연히 결과는 다를 수밖에 없다. 너무 낙관적인 것도 문제는 있겠지만 어차피 할 일이라면 된다는 확신을 갖고 시작하는 것이 중요하다는 사실을 깨닫게 된 것이다.

결국 어떤 것을 하고 싶다고 생각한 순간 그다음 단계에 어떤 마음을 갖느냐가 결과를 결정하는 중요한 요소가 된다.

20살에 처음으로 실내수영장에서 수영을 배울 기회가 있었다. 처음 킥판을 잡고 발차기를 몇 번 하면서 느낀 생각은 아~ 내가 몸이 무겁구나. 수영은 쉽지 않겠다. 발이 작아서 그런가? 참 안 된다. 팔을 저으며 확신했다. 수영은 진짜 나랑 안 맞다. 그렇게 한 달 다니다가 그만두게 되었다. 결국 수영을 못 배우고 끝이 났다.

하지만 대학생활을 하면서 단체로 물놀이나 워터파크에 갈 일들이 늘어나고 갈 때마다 나의 부족한 수영 실력과 물에 대한 두려움으로 친구들과 어울리지 못하는 상황이 벌어졌다. 수영을 하고 싶다는 생각만 있었지 마음먹고 끝까지 도전하지 못했던 것이 후회됐다.

결국 27살 되던 해에 후배와 같이 다시 수영장 새벽반에 나가기 시작해서 3년을 꾸준히 배운 결과 모든 영법을 마스터 할 수 있었다.

20살에 A와 같은 생각으로 수영을 배웠다면 어떻게 되었을까? 누구나 원하는 것을 생각한다. 하지만 모두가 그것을 성취할 수 없다. 생각했다면 마음먹고 시작해서 될 때까지 하다 보면 반드시 내 것이 된다는 것은 진리다. 하지만 B처럼 처음부터 혹은 중간에 어려운 상황이 생길 때마다 안 된다고 포기하면 결국 시간이 지체될 뿐 지나고 나면 후회만 남게 된다. 생각하고 마음먹고 시작하면 그 다음은 시간의 문제이다. 빨리 될 수도, 조금 늦게 될 수도 있겠지만 결국에는 얻게 된다.

한 번이 어렵지 두 번부터는 쉽다

모든 처음 한 번이 어렵다. 작은 것에 대한 확신을 갖는 것부터 시작해야 한다. 별것 아닌 일이 하나씩 쌓이면 그것들이 모아져 큰일을 만드는 것이다. 결코 한 번에 되는 일은 없다.

이번 프로젝트만 잘되면, 이번 방송만 잘되면, 이번 거래처만 잘되면, 이번 책만 잘되면 등 일확천금을 꿈꾸는 사람들이 많지만, 현실은 그렇지 않다. 한 가지 일로 대박이 나는 경우가 점점 줄고 있다.

예전에는 TV에 한 번 나오면 어느 정도 유명세도 얻고 인지도도 쌓이고 그로 인해 일이 잘 진행될 기회도 얻을 수 있었다면 요즘은 수많은 사람이 방송에 나오고 있으며 방송에 한 번 나왔다고 유명해지지도 않는다. 결국 단계별로 하나씩 천천히 쌓아 올라가야 진짜 내 것이 되고 그것으로 인해 기본기가 탄탄한 실력을 키울 수 있다.

우선 내가 지금 당장 하고 싶은 항목들을 적어보자. 그리고 내가 갖고 싶은 것, 내가 먹고 싶은 것, 내가 가고 싶은 곳 등 어느 것도 좋다. 가장 빨리 성취할 수 있을 것 같은 것부터 순서대로 정리해 보자.

그리고 그중 하나를 골라서 적어본다. 어떻게 하면 적어놓은 것을 할 수 있을지 다양한 방법과 구체적인 실행 방안을 정리해보자. 예를 들어 10일 뒤에 원고마감을 해야 한다. 그렇다면 앞으로 10일 동안 어떻게 준비해야 할지 계획이 나와야 한다. 10일간 일을 나누고 하루하루 정해진 양을 처리하다 보면 결국 10일 뒤에 원하는 결과를 얻을 수 있을 것이다.

그런 작은 성취의 경험들이 나 자신을 믿게 하는 신뢰를 형성하게 되고 내가 도전하는 것들이 가능하다는 확신을 갖게 만든다.

우리는 보통 부족한 것이 있다면 머릿속으로 생각만 하며 마음먹고 시작하지 않고 주변 사람들에게 조언만 구하고 있는 모습을 보인다. 이러한 모습을 바꿔야 한다. 내가 하는 것이지 남이 대신해주는 것이 아니다. 우리는 모든 일을 너무 쉽게 누군가에게 의지해서 해결하려고만 한다. 스스로 작은 것들의 성취로 더 큰 일에 도전할 수 있도록 성취력을 배우고 키워야 한다.

02

확신에 가득 찬 생활을
원한다면 체크하라!

통계청이 매월 발표하는 고용동향에 따르면 2017년 8월 기준 실업자 수는 100만 1,000명이다. 지난해 7월에는 100만 명이 안 되는 97만 5,000명이었는데 전년 대비 3만 명가량이 늘어난 수치다. 특히 청년층 취업난이 심각하다. 15세~29세 실업률은 현재 9.4%에 달한다. 아마도 잠재적인 실업자를 포함하면 집계된 숫자보다 2~3배가량은 더 많을 거라고 전문가들은 말한다.

학교를 졸업하고 학생을 벗어나면 바로 취업해서 사회인으로 거듭나는 건 이제 옛말이다. 요즘 대졸 신입사원 평균 연령은 28.6세이다. 1998년에 25.1세였던 것과 비교하면 3.5세나 상승한 셈이다. 세상은 변하고 있다. 그런데 우리의 생각은 아직도 옛날이다. 변화하는 세상에 확신을 가지려면 자신을 정확히 알아야 한다.

생각의 틀을 확인하라

태어날 때부터 잘 살고 부유한 사람도 중간에 어려움을 겪고 힘들 때가 많다. 하물며 처음부터 가난한 집안에서 태어나서 고생한 사람들이 나중에 꿈을 이루고 여유 있는 삶을 살아갈 확률은 점점 더 낮아지고 있다. 왜 그런지 한번 생각해보자.

그 둘은 시작부터 다르다. 강남에서 아파트 한 채에 20억씩 하는 집에 사는 아이와 지방에 임대주택에 사는 아이가 있다. 이둘은 성인이 되기까지 전혀 다른 사고방식과 가치관을 갖게 된다. 강남의 아이는 집값이 모두 10억 이상 하는 줄 안다. 그리고 집이 없는 사람들은 없다고 생각하고 자란다. 왜냐하면 할아버지도, 삼촌도, 이모도 모두 집을 소유하고 있고 그것들이 대부분 10억 이상의 값을 한다고 알고 자랐기 때문이다.

반면 지방 도심지의 임대아파트나 주택가에 세를 들어 사는 집 아이들은 어떠할까? 더 이상 언급하지 않더라도 집을 산다는 것은 쉽지 않다는 인식을 어렸을 때부터 하고 자랄 수밖에 없는 환경이다.

그래서 생각의 틀이 중요한 것이다. 처음부터 안 된다는 생각만 하고 포기하면 어떤 것도 얻을 수 없다. 조금이라도 가능성이 있다면 보다 구체화하고 그것을 어떻게 이뤄나갈 것인지의 세밀한 계획이 필요하다. 사람은 누구나 혼자 성공하기 어렵다. 결국 주위에 좋은 사람들과의 관계를 통해 서로 돕고 살아간다. 그럴 때 구체적인 내 목표를 갖고 있는 사람과 그렇지 않은 사람들의 모습은 사뭇 다를 수밖에 없다.

삶에서 무엇인가를 이룬다는 것이 불가능하다고 생각하는 사람들이 점점 늘어가는 시대이다. 그럴수록 내 안에 잠재되어있는 생각의 틀을 확인하고 바꿔야 한다.

| 내가 지금 무엇을 하고 있는지 확인하라

모두들 스스로가 앞으로 어떻게 살 것이라는 걸 제일 잘 알고 있다. 하지만 그 사실을 부정하고 싶은 것이 사람 마음이다. 지금 내가 무엇을 하고 있는지를 곰곰이 생각해보면 미래의 모습이 어떠할지는 불 보듯 훤한 일이다.

세상은 정확하다. 열심히 무엇인가를 노력하면 반드시 일정 시간이 지난 후 그것에 대한 결실을 맺게 되어있다. 수많은 책 속에도 그런 이야기는 수없이 적혀있다. 하지만 우리는 오늘 그 무엇인가를 하지 않으면서 결과를 바라고 있는 경우가 많다. 최소한 로또라도 사야 당첨될 확률이라도 나오는 것이다. 아무것도 하지 않으면서 내 인생이 바뀔 것이라는 것은 착각이다.

사람들이 가장 좋아하는 것이 남의 이야기이다. 내가 고민하는 것을 다른 사람들도 고민하는지, 다른 사람들은 이런 상황에서 어떻게 대처하는지, 그 자체에서 공감되는 부분이 있다면 위안을 삼고 현실을 긍정적으로 인정하려 한다. 나만 그런 것은 아니니까 다른 사람들도 그렇다니까 그저 혼자만의 위안을 할 뿐이다. 실제는 그렇지 않다. 남에게 보여주고 싶은 좋은 것들 이면에는 그간 고생과 노력이 묻어나 있는 것이다.

결코 씨를 뿌리지 않고 수확하는 농사가 없듯이 지금 내가 무엇인가를 하고 있는 그것의 결과를 기대해야지 그렇지 않은 전혀 다른 것에 욕심을 낸다고 한들 그것은 당신의 것이 아니다.

하루를 어떻게 살고 있는지 확인하라

여의도 우체국 옆에 가면 청각장애 부부가 풀빵과 어묵꼬치를 파는 트럭이 있다. 두 분이 얼마나 열심히 사는지는 여의도 일대 직장인들은 모두 다 알 것이다. 풀빵을 팔기 위해 부부가 새벽부터 준비하고 하루 종일 허리 한 번 못 피며 쪼그리고 앉아 손님을 맞이한다. 하지만 그들은 단 한 번도 얼굴을 찌푸리거나 인상쓰지 않는다. 너무나도 친절하게 손님과 인사하고 밝은 얼굴로 풀빵을 건넨다. 아마도 두 분은 열심히 땀 흘리고 지금처럼 일하면 결과는 좋을 것이라는 확신을 갖고 있는 듯 보인다.

나는 보통 새벽 4시에서 5시면 눈을 뜬다. 아침에 일찍 일어나서 하루 할 일들을 정리하고 간단한 명상과 함께 차 한 잔으로 오늘을 감사하며 시작한다. 다른 사람보다 조금 일찍 출근하고 다른 사람들보다 조금 더 빨리 약속 장소에 나가고 다른 사람들보다 조금 더 여유를 누린다. 벌써 10년이 넘는 시간 동안 습관이 되어 대부분의 하루가 비슷하게 시작된다. 막연한 기대와 확신은 차이가 있다. 내가 사는 오늘이 어떠한지 누군가 말하지 않아도 스스로가 가장 잘 안다. 생각지 않은 좋은 일도 인생이 잘 될 것 같은 막연한 기대도 지금을 열심히 사는 사람에게는 확신으로 느껴지는 것이다. 세상에 공짜는 없다. 결국 오늘이 쌓여서 내일이 되고 미래가 되는 것이다. 지금 나는 어떻게 하루를 살고 있는지 확인해보라.

기회를 주는 사람을 찾아라

유독 다른 사람보다 나에게 일을 많이 시키는 직장 상사가 있다. 하필이면 다른 직원들도 많은데 나에게만 그렇게 많은 일을 시키는지 마음 상할 때도 많다. 특히 학창시절 교수님이나 선생님들 중에도 나에게만 심부름을 시키는 분들도 있었다. 어느 날 문득 왜 그럴까를 생각해봤다. 아마도 일을 잘해서 혹은 다른 친구들보다 믿음이 가서 여러 가지 이유야 있겠지만 확실한 것은 그런 일들로 인해 내가 성장하고 있다는 것이다.

야구선수는 타석에 서야 하고 축구선수는 축구장에서 공을 차야 한다. 벤치에 앉아서 동료들이 뛰고 있는 모습만을 보고 있다면 실력은 늘지 않는다. 결국 내가 당장 귀찮게 여겼던 작은 일들이 쌓이고 쌓여서 실력이 된다는 사실을 알게 됐다.

나에게 너무 지나친 관심을 쏟아서 지독하게 싫었던 사람이 지금 생각해보면 나를 성장하는 기회를 준 사람들이었다. 심한 잔소리도 꾸지람도 결국 지금 내가 있기까지 밑거름이 된 것이 사실이다. 하지만 우리는 그런 것들로 힘들어하거나 스트레스를 받는다. 사실 가장 힘든 순간은 내가 잘할 수 있는 일 앞에서 나에게 기회가 주어지지 않을 때이다. 무엇인가 얻고자 한다면 기회를 주는 사람을 찾아서 도전하라. 그래야 실패가 되었든 성공이 되었든 값진 경험을 얻게 될 것이다.

03

더 큰 것을 갖고 싶다면
판을 재설계하라!

　행정구역상 강원도 강릉시 왕산면 대기리에 위치한 '암반데기'라는 마을이 내가 태어난 곳이다. 이해하기 쉽게 말하면 대관령 정상 한쪽에 자리 잡고 있는 오지라고 생각하면 된다. 내가 태어나던 시기에는 단 3가구가 전부였다. 겨울마다 눈이 3m 이상 내리는, 사람이 살기에 적합하지 않은 동네다. 심지어 가까이 있는 대관령면 사람들이 그곳에서 태어났다고 말하면 무시할 정도로 시골 중에 시골이다. 내 고향은 그렇게 오지이다.

　'암반데기'라는 명칭은 바위가 많은 밭의 특징 때문에 붙여진 이름으로 암반덕의 강원도 사투리 표현이라고 한다. 한마디로 나는 촌놈이다.

오지에서 면소재지로 판을 바꾸다

예나 지금이나 포장도로가 없고 길이 험하다. 멀지 않은 거리에 바다가 있어도 미역 구하기가 힘들어 어머니께서는 나를 낳고 미역국 대신 뭇국을 드셨다고 말씀하시곤 했다. 내가 살던 곳은 대표적인 고랭지 농업 지역으로 배추와 감자, 무 농사가 주된 생계 수단이다. 강냉이라고 부르는 옥수수는 밭고랑 옆에 공터를 활용해서 재배한다.

사실상 먹을 것이라고는 감자가 거의 대부분이다. 감자밥, 감자국, 감자조림, 감자국수, 감자범벅, 구운 감자가 주식이었다. 상품 가치가 없는 작은 감자들을 모아서 땅을 파고 나뭇가지들에 불을 붙이고 살짝 불이 죽을 때쯤 위에 흙으로 덮었다가 꺼내서 먹었다. 가끔 옆집 형과 소 풀 먹이러 가는 길에 남의 밭에서 무를 뽑아서 개울에 씻어 먹으면 얼마나 시원하고 맛있었는지 모른다.

그런 오지에서 6살 되던 해 면소재지가 있는 횡계리로 이사를 했다. 빈농에서 벗어나기 위해 장사를 시작한 부모님께서는 살림이 조금씩 좋아지기 시작했다. 수화리에 댐이 생기기 전까지는 여름에 개울가에서 머리를 감기도 하고, 물고기를 잡아서 매운탕을 끓여 먹었다. 겨울에는 황태덕장 주변의 하천에서 얼음 배를 만들어 타고 놀거나 빙판 위에서 썰매를 타기도 했다. 1~2시간 걸어서 놀러 다니던 곳이 고작 대관령휴게소가 전부였다. 그 시절 휴게소는 지금의 백화점이나 마트보다 더 흥미롭고 재밌는 곳으로 기억된다.

횡계는 '암반데기'에 비교하면 대도시였다. 특히 용평리조트는 대관령면에서 유일한 문화시설이었다. 아버지가 처음으로 데리고 간 무궁화 5개 호텔에서 먹었던 뷔페를 지금도 잊을 수 없다. 어떤 것을 먼저 먹어야 할지 모를 정도로 다양한 음식을 처음으로 경험하게 된 것이다. 그중 은박지로 예쁘게 포장되어 꼭 은덩어리처럼 빛나던 그 음식이 기억난다. 안에 무엇이 들었을까? 정말 기대하며 열었는데 그 음식은 바로 구운 감자였다. 역시 암반데기 촌놈이 정확히 감자를 골라냈다고 주위에서 어른들이 웃으면서 이야기했다. 그렇게 문명의 혜택을 처음 접하게 된 것이다.

하늘 아래 첫 동네라고 불리는 해발 700m 대관령의 특혜라면 단연 눈이다. 겨울철 자연설을 즐길 수 있는 스키장이 가장 가까이 있다는 곳이 바로 대관령이다. 그래서 어렸을 때 어렵지 않게 스키를 접할 수 있었고 벌써 스노우보드 경력이 거의 20년이 넘어간다. 지역 주민 누구나 리프트 이용료를 절반 값으로 이용 가능하다. 그래서 쉽게 누구나 스키를 즐길 수 있는 장점이 있다.

▌ 면소재지에서 엑스포의 도시로 판을 바꾸다

초등학교 2학년 여름 방학이 지나고 2학기가 시작될 무렵 대전으로 이사했다. 아버지 사업의 확장 때문에 이사를 했지만 사실 제일 큰 이유는 나의 교육환경 개선이 목적이었던 것 같다.

전학 간 학교에서는 급식을 했다. 사실 그때만 해도 학교급식이 활성화되지 않았던 시기라서 생소하고 신기했다. 3학급이 전부였던 시골에서 10학급이 있는 대도시로의 이사는 많은 변화를 주었다. 강원도 사투리가 남아있던 나는 그곳의 아이들과 적응하는 데 어려움이 많았다. 한 번은 뒷자리에서 친구가 너무 괴롭혀서 선생님께 말씀드리던 중 사투리가 튀어나와 반 전체를 웃음바다로 만들기도 했다. 그렇게 적응하며 새로운 환경에서 살아남는 법을 배웠는지도 모르겠다.

중학교 진학 이후 많은 것이 바뀌었다. 남녀공학 학교에서 남학생만 있는 중학교로 와서 문화도 환경도 적응하기 쉽지 않았다. 하지만 확실한 사실은 시골에 비해 경쟁이 치열하고 공부에 대한 분위기가 달랐던 것이다.

한 지역에서 자랐다면 조금 더 안정적인 정서로 성장했겠지만 나에게 어린 시절 전학은 새로운 환경에 적응할 수 있는 능력을 키우는 데 도움을 주었다. 지금도 누구를 만나든 쉽게 인사하고 친해질 수 있는 성격으로 자라게 된 이유이다. 요즘같이 프로젝트형 업무가 많은 환경에서 전혀 관련 없는 분야의 새로운 사람들과 함께 일을 할 때 가장 많이 힘들어하는 것이 소통과 배려이다. 지금 생각해보면 여러 차례 프로젝트로 좋은 성과를 얻었던 결과가 그냥 나온 것이 아니라는 생각이 든다.

20살의 독립, 홀로서기 판을 바꾸다

고등학교 시절 썩 공부를 잘하지는 못했다. 살고 있는 대전에서 대학교를 진학하는 것이 어려운 정도의 성적은 아니었으나 대전이 아닌 청주로 대학을 진학했다. 여러 가지 이유야 있었지만 가장 큰 것이 성적이었고 전공 선택에 어른들의 의견이 크게 반영됐다. 결국 통학을 빙자한 자취 형태의 대학 신입생 시절을 보내게 된다. 신입생 가요제 인기상, 3개 동아리 가입, 학생회 활동 공부보다는 대학에서 누릴 수 있는 다양한 활동을 중심으로 대학생활을 했다.

2학기 들어서면서 통학은 거의 못하고 친구, 선배 자취방으로 다양한 사람들을 사귀며 삶의 가치관과 인생의 방향을 고민하며 떠돌아다녔다. 그 당시 많은 사람들과 함께한 술자리의 대화와 갖가지 도전이 내겐 아주 소중한 경험들이다. 하고 싶은 것들을 주저 없이 시작할 수 있었던 시절이다. 지금도 새로운 도전에 자신 있는 것은 그때 쌓아온 경험의 일부일 것이다. 1학년을 마치고 군에 다녀와서도 생활은 크게 달라지지 않았다. 더 많은 사람들을 만날 수 있는 기회가 있었고 학생회를 포함한 더욱 다양한 활동을 했다.

결국 대학 생활 전부가 부모님과는 떨어진 독립된 생활로 하나의 온전한 성인으로 자랄 수 있도록 스스로 판단하고 선택하며 보냈던 시간들이었다. 취업도 원하는 회사에 알아서 입사하게 되었다. 누군가 부러워하는 직업을 갖는 것보다 내가 진짜 하고 싶은 일을 선택해서 할 수 있는 용기가 이때 발휘되었다.

주변에 많은 친구들이 이력서 100개 이상을 작성하고 면접 보러 다닐 때 나는 몇 개의 지원서만으로 소신껏 원하는 직장에 들어갔다.

강원도 촌놈 강남 테헤란로 입성

BMW에 잘 다니고 있을 때 9개월 동안 삼성생명에서 이직 제안을 받았다. 처음 몇 차례 받았을 때는 별 관심도 없었고 현재 직업에 만족하고 소득도 상당히 높은 편이어서 아예 관심이 없었다. 그런데 어느 순간 지난 시간을 돌아보니 만나고 있는 사람들이 제한적이라는 생각이 들었다. 수입차를 탈 수 있는 여력이 되는 사람이 아니고서는 내가 만나지 않고 있다는 사실을 깨닫게 됐다. 아주 가깝게 지내는 몇 명의 친구나 후배들을 제외하고는 일체 만나는 대상 자체가 사업가, 예술가, 자산가, 연예인, 조폭 등 돈이 많든지 아니면 사업상 수입차가 필요한 사람들만 골라서 만나고 있는 자신을 발견하게 된 것이다.

결국, 결혼한 지 얼마 안 된 시점에 삼성생명의 설계사로 이직하게 되었고 열심히 일한 결과 3개월 만에 신입 루키우수상, 영업 1년 만에 매니저 발탁, 매니저 1년 차에 전국 9위, 2년 차에 전국 2위, 만 36개월 만에 사업가형 지점장 발탁 승승장구하게 된다.

지점장 조건을 갖추고 지역을 선택할 시점에 사업부에서 프로젝트 제안이 와서 강남의 지점장으로 선발되고 아직도 깨지지 않는 최연소·최단기 지점장 발탁의 신화를 달성하게 된다. 대부분 그냥 지역에서 지점장을 하려고 했을 것이다. 하지만 나는 처음 삼성에 들어갈 때부터 강남에서 지점장을 하고 싶다고 수없이 말하고 다녔다.

내가 생각을 바꾸고 판 자체를 바꾸지 않으면 결코 더 큰 성과는 없다. 더 큰 것을 갖고 싶다면 판을 재설계해야 한다.

04

일 같지 않은 일하며
돈 벌고 싶다면 시작하라!

예전에 잘 나가던 직업 중에 없어진 직업들이 많다. 신의 직장이라 불리던 곳 중에도 대규모 구조조정을 하거나 사양사업으로 망한 기업도 많다. 과거에 비해 참 빠르게 트렌드가 바뀌고 따라가기 힘들 정도로 시장의 변화가 급격히 진행된다. 이제는 어느 곳에서 돈벌이가 된다는 공식이 없다. 누군가 전혀 생각지 않은 부분에서도 사업성을 발견하고 새로운 시장을 만들어 내기도 한다.

지금 내가 하고 있는 일은 어떠한가? 앞으로 변화에 어떤 상황을 맞이하게 될지 예측이 가능한가? 대부분 확신을 갖고 자신 있게 말하기 어려울 것이다. 그래서 중요해진 것이 있다. 바로 다양한 능력이다.

단순히 한 가지 능력으로 먹고 사는 시대가 끝나 간다. 이제는 다양한 지식과 경험 그리고 능력을 겸비하지 못하면 시장에서 살아남기가 힘들다.

SNS 마케팅의 시대

요즘은 실시간으로 인증이 안 되면 믿을 수 없는 시대이다. 특히 사실이 아닌 것을 SNS상에서 속이기도 좋은 환경이다 보니 검증되지 않은 전문가는 인정받기 쉽지 않은 상황이다. 꾸준하게 무엇을 시작해서 어느 정도 경지에 오른 것도 중요하지만, 그 과정을 잘 정리해서 온라인상에 게시하는 것이 더욱 중요하다. 그렇지 않으면 사람들이 믿지 않는다. 과정 없이 결과가 나온 것에 대한 불신은 기본이고 지금까지 진행된 과정을 더 궁금해하기 때문이기도 하다.

다양한 SNS가 있지만 대부분 블로그를 많이 사용한다. 검색 포털에서 노출이 잘 되기 때문에 홍보 효과가 크고 누구나 쉽게 배워서 할 수 있다는 장점과 핸드폰, PC 모두 편집이 용이하다는 장점이 있다. 그리고 블로그는 하루 방문자 수나 조회 수에서 그 사람의 인지도와 영향력을 평가할 수 있다.

하지만 모든 사람이 유명 블로거가 되거나 SNS로 돈을 버는 것은 아니다. 단지 내가 하고 있는 일을 다른 사람들과 공유하고 공감하는 개인 채널이 생긴다는 생각이 맞다.

지금 나는 블로그, 페이스북, 유튜브, 카카오스토리, 밴드, 인스타그램, 카페를 운영하고 있다. 사실 지금 크게 돈이 돼서 하는 일은 아니지만, 최소한 내가 하는 일을 알리고 나의 게시물을 보고 공감과 댓글 주시는 분들과 다양한 형태로 소통하고 있기 때문에 만족하고 있다.

앞으로 살아가면서 SNS가 더욱 중요해질 것이다. 지금까지 귀찮아서 접어놓았던 SNS가 있다면 조금씩 준비해놔야 본인에게 도움되는 채널로 활용 가능할 것이다.

공중파의 뉴스보다 SNS상의 뉴스가 빠르고 정확하다. 세상은 돈을 벌기 위해 일하는 것이 아니라 재밌게 즐기다 보니 돈이 되는 세상으로 변화하고 있다. 온라인 영향력이 오프라인 못지않게 중요한 시대에 SNS를 활용한 다양한 활동도 필요하다.

1인 방송의 시대

과거 노래방이 처음 생겼을 때 대부분의 사람들이 마이크 잡는 법을 어색해 하던 시기가 있었다. 하지만 지금은 노래 못 부르는 사람이 없을 정도로 마이크 잡는 방법도 각자의 개성에 맞게 다양해졌다.

사진은 특별한 능력이 있는 사람들만 따로 기술을 배우고 찍던 시대가 지나고 스마트폰이 처음 출시된 이후 누구든지 어디서나 사진 촬영을 쉽게 할 수 있게 되었다.

방송이라는 영역도 과거에는 특정 분야의 사람들만 출연하고 아무나 할 수 없다는 생각을 했지만 요즘은 그렇지 않다. 누구나 팟캐스트, 유튜브, 페이스북 라이브를 통해서 방송을 할 수 있고 일반 평범한 사람들의 방송을 시청하는 사람들도 늘어나고 있다.

인터넷 게임 방송으로 유명한 대도서관의 경우 한 달 광고 수익으로 5천만 원을 번다고 한다. 뽀로로의 조회수를 능가하는 아이들의 인기스타 캐리와 장난감 친구들의 1대 캐리의 경우 공중파로 진출해서 방송을 하고 있다.

세상은 그만큼 무한한 가능성으로 누구나 재능만 있으면 다양한 방법으로 자신을 알릴 수 있고 수익을 창출할 수 있는 시대가 되었다.

저자도 〈이상훈의 정보방송 SFTV〉라는 1인 방송을 1년 넘게 운영하고 있다. 방송을 전공한 것도 아니고 방송을 출연한 경험이 많은 것도 아니지만 1년 이상 촬영하고 진행하면서 조금씩 실력이 쌓이고 시청자와 후원인도 늘어나기 시작했다.

예전에 생각하지도 않았던 일들이 돈이 되는 세상이 되었다. 꼭 학력이 있어야 하고 어떤 자격증이 있어야 하는 시대에서 벗어나 자신의 작은 능력 하나로 인정받고 유명해지는 시대가 된 것이다.

덕후의 시대

일본어인 오타쿠(御宅)를 한국식 발음으로 바꿔 부른 말인 '오덕후'의 줄임말이다. 뜻은 집이나 댁(당신의 높임말)인데 집 안에만 틀어박혀서 취미 생활을 하는, 사회성이 부족한 사람이라는 의미로 사용됐다. 하지만 지금은 어떤 분야에 몰두해 마니아 이상의 열정과 흥미를 가지고 있는 사람이라는 긍정적인 의미로도 쓰인다. 과거에 그냥 일반적인 취미로 인식되었던 것들에 열정을 가지고 파고들어 전문성을 갖춘 사람들을 부르는 신조어다.

대학에서 학위를 받고 석사 박사를 해야 전문성을 인정받았던 시대에서 비학문 분야부터 다양한 영역까지 각자의 취미 생활이나 관심 분야를 깊이 있게 연구하고 인정받기 시작한 것이다.

잘하는 사람은 좋아하는 사람을 이길 수 없고 좋아하는 사람은 즐기는 사람을 이길 수 없다는 말이 있듯이 자신이 좋아서 미칠 정도로 빠져들어 전문성을 갖춘 사람들을 이길 사람은 없다. 과거에는 별것 아니었던 분야도 관심 있는 누군가의 노력에 의해 전문성을 인정받고 해당 분야에서 관심 있는 또 다른 사람들에게 도움을 주고 소득이 발생하는 신기한 일이 일어나고 있다.

좋아하는 일을 잘하는 것만큼 최고의 복은 없다고 했지만 사실 그것이 쉬운 일은 아니었다. 하지만 요즘 들어 많은 사람들이 자신이 좋아하는 일을 본업으로 할 만큼 다양한 분야에 많은 사람들이 관심을 갖고 도전하는 시대가 됐다.

그냥 남들처럼 취미로 하면 일반적인 취미활동이 되겠지만 조금 더 나아가서 깊이 있게 관심 갖고 전문성을 키운다면 그 분야에서 인정받는 또 다른 직업으로서의 역할도 가능한 시대가 되었다고 본다.

1인 브랜드의 시대

가만히 생각을 해보자. 집안의 어르신 중에 증조 혹은 고조부의 성함이 기억이 나는가? 하지만 율곡, 퇴계, 추사 하면 이이, 이황, 김정희처럼 떠오르는 이름들이 있다. 바로 호가 있는 위인들이다. 유명해서 기억하는 것도 있겠지만 그분들 나름의 이미지가 그 호를 통해서 기억되는 것이다.

호랑이는 죽어서 가죽을 남기고 사람은 죽어서 이름을 남긴다고 했지만 요즘 이름 남기기가 쉽지 않다. 검색포털 인물 검색 안에 들어가기도 쉽지 않은 세상이다. 그럼에도 불구하고 각자의 개성에 맞는 브랜딩의 성공으로 자신의 가치와 함께 이름을 알리는 사람들이 많다.

그중 '캘리그래피'라는 손글씨를 통해 자신의 이미지를 한층 더 업그레이드시키는 사람들이 있다. 대표적으로 박원순 서울시장의 글씨체가 유명하다. 컴퓨터로 모든 일을 처리하는 시대가 되면서 멋진 손 글씨를 보기 쉽지 않은 세상인데 자신만의 필체를 보유하고 좋은 글귀와 함께 자신의 이미지를 좋게 만드는 사람들이 늘어나고 있다.

오프라인 서점 취미 코너를 가보면 한 공간이 전부 캘리그라피 코너일 정도로 선풍적인 인기를 끌고 있다. 글과 컬러로 다양하게 표현되는 나만의 브랜드를 만들고 알리는 시대에 자신의 가치를 스스로 높이는 노력을 어떻게 할 것인지 고민해 볼 필요가 있다.

05

원하는 것을
손에 넣는 성취력

정말 무엇인가를 진심을 다해 원하는가? 그러면 방법을 찾아라. 목마른 사람은 우물을 파야 된다. 배고픈 사람은 먹을 것을 찾기 마련이다. 과거에 비해 간절함은 많이 없어졌다. 배고프고 어렵던 보릿고개 시절에 어렵게 살았던 부모님 세대들의 노력으로 지금의 여유로움을 누리는 것이다. 하지만 요즘은 진짜 하고 싶은 것이 무엇인지조차 모르고 하루를 살아가는 사람들이 많다.

세상에 태어나서 의미 있게 살아가고 꿈꾸는 것을 이뤄가는 과정이 얼마나 소중한지 모른다. 포기하지 않고 도전하는 사람들이 많은 세상이었으면 한다. 누구나 노력하면 잘 살 수 있고 행복할 수 있는 그런 성취력이 필요하다.

꿈을 생각하라

어렸을 때 꿈을 물어보면 대부분 남들이 부러워하거나 부모님이 원하는 것을 대답한다. 하지만 나이가 들면서 그것이 진짜 내 꿈이 아니라는 것을 깨닫는 순간 방황하고 혼란스러워하는 사춘기를 맞이한다. 진짜 내가 잘하는 것을 알아야 한다. 진짜 내가 좋아하는 것을 알아야 한다. 그렇지 못하면 생활이 힘들어진다. 잘하는 것을 먼저 할 것인가? 좋아하는 것을 먼저 할 것인가?

의견이 여러 가지 있겠지만, 저자는 잘하는 것을 먼저 하라고 권한다. 잘하는 것을 통해서 경제적인 여유와 안정을 찾는다면 얼마든지 좋아하는 것을 할 수 있다. 그렇게 진짜 하고 싶은 것과 되고 싶은 것이 무엇인지 구분해서 나만의 꿈을 생각하라.

변치 않는 마음을 먹어라

꿈은 수시로 바뀔 수도 있다. 되고 싶은 것, 갖고 싶은 것, 하고 싶은 것이 상황에 따라서 바뀔 수는 있다. 하지만 변치 말아야 하는 것이 있다. 바로 처음 마음가짐이다. 앞으로 살아가야 할 인생의 주인공이 나라는 사실을 잊어서는 안 된다.

어느 한 사람 의미 없는 인생이 있겠는가! 누구나 소중한 사람이고 소중한 삶이다. 결코 포기해서도, 처음 먹은 마음을 잊어서도 안 된다. 시간이 지나도 그 마음을 변치 않았다면 누구보다 여유 있고 행복하게 의미 있는 삶을 살아온 자신을 발견하게 될 것이다.

마음먹고 유지하는 것이 세상에서 가장 어려운 일이기도 하다. 누구나 시작은 원대하고 끝까지 할 수 있을 것 같은 자신감으로 시작하지만, 결과적으로는 모든 사람이 그렇게 살지는 못한다. 그런데 유독 생각한 것 이상으로 원하는 것을 이뤄내는 사람들이 있다. 그 사람들의 특징을 잘 살펴보면 절대 초심을 잃지 않고 하루하루 열심히 살아온 사람들이다.

한순간의 행운으로 인생이 잠시 행복할 수 있을지 몰라도 긴 인생은 그렇게 한순간으로 해결되는 것이 아니기에 처음 시작할 때 굳은 의지가 계속 이어지도록 변치 않는 마음을 먹는 것이 중요하다. 비록 중간에 잠시 다른 길로 가거나 방황을 할지언정 다시 돌아와서 가던 방향대로 갈 수 있는 마음가짐만 있다면 원하는 것을 반드시 이룰 수 있다.

지금 시작하라!

생각하고 마음먹었으면 지금 바로 시작하라! 시작이 반이고 시작했다면 언젠가는 결과가 나오기 마련이다. 시작하지 않으면 당연히 결과는 없지만 시작했다면 그다음은 시간의 문제인 것이다.

누군가에게 10년이 걸릴 일이 누군가에게는 20년이 걸릴 수도 있다. 그것은 내가 시작한 이후에 문제이다. 시작하지 않으면 아무 일도 일어나지 않는다. 아무리 작은 일도 하나씩 성취하기 시작하면 그것이 얼마나 소중하고 힘이 되는지 본인만 알 수 있다. 결국 성취도 중독된다. 하나의 성취로 두 번째 도전이 시작되고 그것이 반복되면서 단련되어 성취력이 되는 것이다.

많은 사람들이 시작 전에 많은 고민으로 도전조차 하지 않으면서 포기하는 경우가 있다. 새해가 되면, 한 달이 시작되면, 한 주가 시작되면, 하루가 시작될 때마다 무엇인가 새롭게 하고 싶다는 생각은 많다. 하지만 금연도 다이어트도 취미생활도 처음 마음먹었을 때 시작하지 않으면 다음은 없다.

시간이 지나고 나면 그때 조금 일찍 시작할 것을 하면서 후회할 뿐이다. 결국 어떤 것이든 생각하고 마음이 생긴 순간 바로 시작해야 결과로 성취할 수 있다.

처음 수영을 시작하고 새벽마다 수영장에 가면서 피곤하고 힘들었던 기억이 난다. 하지만 어느 순간부터 여유가 생기고 하루 일과에서 다른 하나를 추가해도 될 것 같다는 생각이 드는 순간 영어회화 학원을 등록하고 두 가지를 동시에 시작하게 되었다. 결과는 처음이 힘들 뿐이지 시간이 지나고 나면 어느새 익숙해져서 자연스럽게 생활처럼 못 느끼게 된다.

　모든 사람들에게 주어진 시간은 동일하다. 하지만 결과는 늘 다르다. 같은 시간이 주어졌지만 어떻게 사용하느냐에 따라서 다른 인생을 살게 되는 것이다. 지금 당신에게 주어진 시간에 성취감을 느끼며 성취력을 키워보라. 반드시 더 높은 단계의 목표들을 하나씩 이뤄내고 있는 자신을 발견하게 될 것이다.

2강

이것이 성취력이다

01

이해리 요가강사
스토리

　네이버 운동멘토 요가강사 해리TV 운영자, 스포츠브랜드 데상트 후원 트레이너, 방송출연 요가강사, 요가크리에이터 요가아지트 대표. 이해리 요가강사의 수식어이다.

　취업을 걱정하는 20대 친구들과 달리 그녀는 어떻게 어린 나이에 많은 것을 이루고 성취하게 되었을까! 그녀의 시작은 크게 다르지 않았다. 단지 좋아하는 일을 했을 뿐이고 간절히 하고 싶은 것들을 원했을 뿐이었다.

시작이 중요한 성취력

고등학교 문과를 전공하고 대학은 공대에 진학했던 그녀는 자퇴를 한다. 단순히 취미였던 요가의 매력에 빠져 시작했을 뿐 큰 의도나 계획이 있지도 않았다. 단지 좋아서 시작했을 뿐이고 하다 보니 보다 전문적으로 배우고 싶었을 뿐이었다. 그녀가 요가를 배우던 곳은 돈만 주면 자격증을 주는 곳이었지만 자격증이 있다고 처음부터 강사를 할 수 있었던 것은 아니었다. 그러다가 또 다른 요가원에서 자격증 과정을 다니면서 워크숍도 가고 자신의 실력을 어느 정도 쌓았을 무렵 처음 강사 일을 시작하게 되었고 월급은 40만 원이었다. 특히 임산부 요가 자격증을 취득했음에도 임산부를 위한 수업을 할 수 있는 기회는 없었다. 가끔 구인 글이 올라와도 출산경험이 있는 강사를 원했다. 진짜 힘들고 어렵게 공부해서 배운 것인데 열심히 일하고 싶어도 할 곳이 없었다.

열심히 배운 것이 아깝고 잊어버릴까 봐 그냥 맘카페에 임산부들을 위한 요가법을 포스팅하기 시작했다. 어느 곳에서도 써주지 않아서 시작한 일이지만 꾸준히 글을 올리다 보니 살 따라 하고 있다는 댓글을 써주는 사람도 생겼고 어떤 분은 레슨을 받고 싶다고 문의를 하는 사람도 생겼다.

처음 그렇게 한 명과 레슨을 시작하게 되었고 그분이 친구를 소개하고 인원이 늘면서 한동안 그 동네에서 많은 사람들에게 레슨을 할 수 있었다. 그렇게 그녀의 레슨에 대한 소문이 나서 맘&베이비 프리미엄숍에서 스카우트 제의가 왔고 그 이후 연봉이 처음 시작할 때보다 10배가 오르게 되었다.

도저히 방법이 없었을 때 어떻게든 하고 싶은 마음에 지금 당장 할 수 있는 작은 것을 시작했을 뿐인데 지금의 이해리 강사를 만들어준 시작이 된 것이다.

간절한 사람만이 성취한다

어느 정도 맘카페에서 안정적인 수업과 수입이 유지되고 있을 무렵 기업체 강의를 해보고 싶은 생각에 이곳저곳 알아보았지만, 기업 강의는 구조상 특히 더 어려웠다. 일반적으로 선배 강사의 소개로 강의가 개설되거나 함께 요가 수련을 했던 수강생들끼리 치열하게 경쟁해서 강사가 되기 때문에 강의 한번 하기도 쉽지 않았다. 그래서 항상 주변에 아는 사람들에게 혹시 가능한 기업이 없을까 얘기하고 다녔다고 한다.

그러던 중 지인의 회사에서 사내 복지 차원의 요가클래스를 운영할 계획이라는 정보를 듣게 되었고 제안서를 넣게 된다. 그냥 남들과 같은 제안서로는 안 될 것 같아서 아이디어를 낸 것이 협

찬받고 있던 닭가슴살 업체에 요청해서 요가수업을 한 후 다이어트 도시락을 제공해주는 프로그램을 진행하고 싶다고 했더니 홍보도 되고 좋겠다며 함께 해주었다고 한다.

단순히 기업 경력을 원해서 시작한 제안으로 요가 강의를 하게 되었지만, 만족도가 높아지고 그것이 기회가 되어 워크숍까지 진행해달라는 요청도 받게 되었다.

사실 처음부터 요가를 전문적으로 배운 것도 아니고 본인이 좋아서 시작한 일일 뿐이었다. 그것이 생계를 위한 경제활동으로 이어져서 전문가가 되기까지의 시간과 노력은 말할 수 없을 만큼 어려운 과정이었을 것이다. 그럼에도 단지 시작했을 뿐이고 어려운 상황에 처했을 때도 포기하지 않고 당시에 할 수 있는 작은 방법을 찾아서 했을 뿐이다.

처음 요가 강사를 시작하는 것도 어려웠지만 40만 원의 월급을 받고 시작했던 일이 지금은 하루 40만 원 넘게 버는 유명한 스타 요가강사가 되었다. 결국 간절히 원하는 사람에게 기회는 주어진다. 방법은 찾아보면 얼마든지 있기 마련이다. 성취력은 이렇게 간절한 사람에게 주어지는 선물과도 같다. 작은 성취의 경험이 쌓여서 성취력이 된다. 요가강사 이해리의 스토리를 통해 다시 한 번 주춤하고 있던 무엇인가 있다면 다시 방법을 고민하고 새롭게 시작해보길 바란다.

02

황이슬 한복디자이너
스토리

제37회 전라북도 공예품대전 특선, 문화체육관광부 우수문화
상품, 프랑스 트라노이쇼 참가, 전주에 4층짜리 건물을 보유한
한복 업체 대표라고 소개하면 대부분 오랜 기간 한복을 전공하
고 제작하면서 수련한 명장이라고 생각하겠지만 사실은 그렇지
않다. 그저 한복 만드는 것을 좋아해서 매일 꾸준히 했을 뿐이고
그것이 쌓여서 지금의 위치에 있다. 어떤 분야이든 진출이 어려
울 만큼 시장이 포화상태이고 더 이상 비전이 없어 보이는 업계
여도 상관없다. 생각을 바꾸고 아이디어를 입히면 얼마든지 레드
오션도 블루오션이 될 수 있다는 것을 보여준 1987년생 황이슬
대표이다.

　　그냥 남들과 다르지 않고 평범하게 20년을 살아왔던 대학생 황
이슬은 동아리 활동으로 만화 '궁'에 나오는 퓨전한복을 직접 만
들어 코스프레를 하게 되었다. 더는 입을 일이 없을 것 같아 중고
시장에 내놓았던 이 퓨전한복이 5일 만에 팔리고 이런 옷을 찾
는 사람이 생각보다 많음을 알게 되면서 아르바이트 삼아 시작한
일이 한복 만들기였다.

　　창업비용은 사업자등록비 45,000원이 전부였다. 한복은 부모
님께서 운영하는 커튼가게에서 남은 옷감으로 만들고 모델은 동
생이 거실 커튼 앞에서 촬영해서 무료 쇼핑몰 사이트로 시작한
퓨전한복집이 '손짱 디자인 한복'이다.

　　좋아하는 일로 돈까지 많이 벌 수 있다면 이보다 좋은 일이 있
을까! 전라북도 소도시인 전주에서 태어난 황이슬 대표는 지방
대학을 졸업하고 개인 창업으로 시작한 '손짱 디자인 한복'이라는
이름의 한복점의 대표이다.

　　'출근을 기다린다. 이 일을 시작한 것을 후회하지 않는다. 가게
에 나오면 집에 들어가고 싶지 않다. 50년이 지나도 이 일을 계속
하고 싶다.'

　　이것은 황 대표가 항상 하는 말이자 일을 대하는 진심이다. 많
은 사람들은 고민한다. 지금 하는 일이 재미없고, 하고 싶은 게

있는데 무엇부터 해야 할지 모르겠다. 당장 시작하기는 두렵다고 좋아하는 것과 현재 하고 있는 일 사이의 갈등을 말한다.

진짜 좋아하는 일을 매일 조금씩 하고 있다면 충분히 가능한 결과이다. 직업을 당장 바꾼다는 것은 쉽지 않다. 하지만 내가 좋아하는 것을 놓지 않고 매일 조금씩이라도 하고 있다면 그것이 지금은 취미이거나 돈이 안 되는 일일 수 있지만, 시간이 지나면서 본업이 될 수도 있고 생각 외의 시장을 창출할 수도 있는 세상에 우리는 살고 있다. 처음부터 돈을 벌기 위해 지금의 일을 포기하고 투자해서 시작하기에는 부담이 크다.

좋아하는 일만 하고 싶은 것이 사람 마음이겠지만 꼭 그렇지 않아도 어느 순간 좋아하는 일을 하고 있는 내가 되기 위한 준비를 지금부터 꾸준히 하면 된다. 반드시 하루하루가 쌓여서 미래에 원하는 것을 성취하게 된다.

레드오션의 틀을 바꾼 성취력

오늘날 많은 한국인들은 비싸고 불편해서 한복 입는 것을 꺼린다. 치마가 길고 소매가 너무 넓다. 주로 실크로 만들어지기 때문에 씻기가 어렵다. 그래서 결혼 예복으로만 또는 어린아이들 명절

때나 입는 옷이 되었다 보니 한복 시장은 좋지 않다. 당연히 많은 한복가게들은 문을 닫게 되었고 사람들도 한복을 즐겨 입지 않는다. 하지만 한복 디자이너 황이슬 대표는 널리 공유된 어려움에 대응하여 수 세기 전 일상에서 입고 다니던 옷으로 한복의 새로운 길을 열었다. 패션 한복 브랜드인 '리슬(LEESLE)'을 통해 황 대표는 완전히 다른 종류의 한복을 만든다.

누군가는 더 이상 진출할 시장이 없다고 말한다. 처음부터 포기하고 도전조차 하지 않는다. 하지만 성취력은 다르다. 시작부터 된다고 생각하고 충분히 방법이 있다고 그 방법을 찾아서 고민한다. 누구나 불가능하다고 생각하는 사양사업인 한복시장에서 새로운 길을 찾고 아이디어를 내고 실용을 고민한다. 요즘 경복궁이나 전주에 가면 한복을 입고 돌아다니는 사람들을 만날 수 있다. 한복을 일상 속에서 즐겨 입는 사람들이 조금씩 늘어나고 있다.

한복 세상을 만들기 위해 한복 입고 증명사진, 한복 입고 졸업식, 한복 입고 청소, 한복 입고 발표, 한복 입고 외식, 한복 입고 벚꽃 놀이하러 다니는 황이슬 대표의 노력이 있기에 가능하다. 최근에는 홍대를 비롯한 서울 각지에서도 가끔 한복 입은 사람들을 만날 수 있다. 결코 레드오션은 없다. 얼마든지 아이디어로 블루오션은 만들어질 수 있다.

03

한동헌 마이크임팩트 대표
스토리

일찍부터 강연이 개인의 삶과 세상을 더 낫게 할 것이라 확신하고 창업에 뛰어들어 강연 문화를 선도하고 있는 청년이 있다. 바로 '마이크임팩트'의 한동헌 대표이다. 그는 지난 2009년 직원 3명과 함께 자본금 500만 원으로 시작한 마이크임팩트를 100억 매출, 2천 번이 넘는 강연, 50만 명이 넘는 사람들에게 강연을 진행한 회사로 성장시킨 장본인이다. 그의 생각은 좋아하는 것을 즐기면 원하는 것을 성취할 수 있다는 것이다.

좋아하는 것을 즐기면 기적이 따라온다

고려대학교 경영학과 졸업 후 경영컨설팅회사 보스턴컨설팅그룹(BCG)에 재직하며 안정된 삶을 살던 20대 끝자락에 그는 '창업'의 길을 선택했다. 그만큼 많은 어려움도 겪었지만 '재미있고 의미 있는 일을 하면 기적이 따라온다.'는 생각을 고집했기에 지금은 청년들을 비롯한 많은 사람들에게 주목받는 성공한 CEO가됐다. 한동헌 대표는 아직도 지인의 사무실에 빌붙어 4명이 일했던 그때처럼 강연기획부터 연사섭외, 강연에 진행자 역할까지 모두 직접하고 있다. 그는 이 모든 일들이 자신의 꿈을 채우기 위해서라고 말한다. 즉 자신이 사랑하는 일을 하고 있는 것이다.

매순간 열정을 다해 일하는 그는 알랭 드 보통, 닉 부이치치 등 기적 같았던 해외 연사 섭외 스토리로 유명하다. 섭외가 가능했던 것은 어려운 일일지는 몰라도 무엇이든 가능하다고 생각하고 결과에 대해서 선명하게 확신하고 있기 때문이다. 명함에는 '비쥬얼라이저(Visualizer)'라 적혀 있다. 비전을 생생하게 그리는 것을 의미한다. 회사를 설립한 이후 어떻게 할지 구체적인 방법도 없었고, 능력도 없었다. 다만 직원들과 그 비전이 이뤄졌을 때를 계속 이야기했다고 한다. 목표한 것에 대한 뚜렷한 확신과 성취력을 경험한 사람이다. 그래서 결과에 대한 확신을 계속 상상했고 가능한 결과로 만들었다. 좋아하는 것을 즐기면서 열심히 일했을 뿐인데 결과는 누구나 상상할 수 없을 만큼의 성과가 기적처럼 이뤄진 것이다.

목적이 다른 성취력

마이크임팩트 설립하기 전에 '사람의 가치는 어떻게 평가될까'를 고민했다고 한다. 가치 있는 사람이 되고 싶었기 때문이다. 고민 끝에 사람의 가치는 '그 사람이 세상에 미치는 긍정적인 효과'로 평가되는 것 같다고 스스로 답을 내렸다. 그래서 긍정적 효과를 세상에 미치며 살겠다고 다짐하며 설립하게 된 회사가 지금의 마이크임팩트이다.

성장통을 겪었던 어려운 순간들이 있었던 건 맞지만, 그때마다 강연 기획을 통해 본인 자신이 긍정적 효과를 세상에 미치고 있다고 굳게 믿었다. 일반적으로 대부분의 사업하는 사람들이 추구하는 목적과는 다른 것이었다.

처음에는 단순히 강연이 좋아서 대학교 시절부터 즐겨 들었는데 결정적으로 강연의 중요성에 대해 정말 크게 느낀 계기는 대학교 2학년 재학 당시 직접 강연을 했을 때라고 한다. 당시 1학년들을 대상으로 강연을 해보고 싶어 한 대표는 학장님께 찾아가서 요청한 뒤 '대학생활'이라는 주제로 강연을 했었다. 그런데 강연을 하고 난 뒤 '내가 이런 말을 강연에서 했으니 이 말을 지키기 위해서는 내가 이렇게 살아야겠다. 언행일치의 자세를 가져야겠다.'라는 생각이 들었다고 한다.

결국, 자신의 강연을 통해 스스로 바뀌게 된 것이다. 아울러 강연을 하고 몇 년이 지난 후, 우연히 자신의 강연을 들은 친구들을 만났는데 한 대표의 강연을 듣고 많이 도움이 됐다고 얘기를 듣게 된다. '정말 강연은 이렇게 영향력이 있구나.'하는 생각을 당시에 절실히 느끼게 된다. 가장 적절한 때에 가장 적절한 콘텐츠가 제공되면 사람은 변할 수 있다는 확신을 갖게 된 계기가 된다.

자신이 하고 있는 일에 대해서 확신을 갖는 것은 중요하다. 본인이 흔들리면 주변에 아무리 많은 사람들이 도와줘도 해결이 되지 않는다. 단지 본인이 스스로 느끼고 확신할 때 모든 일이 잘 풀리기 시작한다.

우리는 주변에서 이상하게도 안 될 것 같은 일에 모든 열정을 쏟는 사람들을 가끔 보게 된다. 하지만 그 사람들은 어느 순간 시간이 지난 뒤 본인이 옳았다는 것을 확인시켜준다.

대부분 자신의 상황과 불확실한 미래에 대해서 불안해한다. 하지만 그럴 필요가 없다. 굳이 누군가를 설득하려 할 필요는 없다. 자신의 목적이 다른 일반적인 사람과 다름을 말하고 자신의 노력을 이어가면 성취력의 경험을 확신하게 될 것이다.

04

정상근 사람에게 배우는
학교 대표 스토리

1997년 14살의 나이로 아무도 없이 오로지 혼자 전국여행을 떠난 사람이 있다. 바로 사람에게 배우는 학교 정상근 대표이다. 양계장 생활과 동학 농민 혁명지 무전여행 등 어려서부터 다양한 활동을 통해 큰돈을 들이지 않고도 큰 배움을 얻게 된 경험을 하게 된다. 돈이 없어도 여행을 하게 되면 얻게 되는 큰 선물이 있다는 확신의 마음으로 세계여행을 계획하고 실행하게 된다. 그의 세계로 향한 도전은 단돈 80만 원으로 2006년 7월부터 1년 동안 호주 워킹홀리데이를 시작으로 세계여행을 떠나게 된다.

나이는 중요치 않다

이런 경험이 가능했던 것은 다행히 정상근 대표의 부모님께서 적극적으로 지지해주셨기 때문이다. 중학교 1학년 때 처음 여행을 다녀온 후 많은 것들이 변했기 때문에 그런 것 같다. 두 분은 여행이 단순히 견문을 넓히는 것뿐 아니라 소극적인 아들을 변화시키는 창구라고 생각하셨다.

정 대표의 가장 든든한 후원자로서 얼마나 이 여행을 꿈꿔왔고 어떻게 준비를 했는지 잘 알고 계셨기 때문에 부모님께서는 오히려 '세상에 한 번 나가 도전해 봐라. 많은 걸 느낄 것이다.'라고 말씀하셨다고 한다. 그의 인생에서 지금의 위치에 있기까지 가장 중요한 선택의 순간에 믿음으로 부모님께서 함께 해주신 것이다.

그의 삶에서 첫 여행이었던 중학교 1학년에 계획하고 출발한 나홀로 여행은 당시 14살의 학생에게는 쉽지 않은 경험이다. 충청도, 전라도, 경상도를 아우르는 일주일간의 긴 여정 동안 잠잘 곳도, 먹을 것도 넉넉한 여비도 없었지만, 부모님께서 해주신 '세상을, 그리고 사람들을 믿어라.'라는 조언을 바탕으로 '자칫 불가능해 보이는 일이지만, 완벽한 준비를 한 후 도전하면 무엇이든 가능하다'는 것을 배웠다고 한다. 그래서 세운 계획이 '80만 원으로 세계여행하기'였다.

친구들은 모두 '정신 나갔다.', '미친놈'이라고 말하며 말렸지만

'지금이 바로 떠나야 할 순간'인 것 같아 80만 원만 들고 그는 호주로 떠났다. 그곳에서 워킹홀리데이를 통해 여행 자금을 만들고 1년간 세계 곳곳을 여행하면서 추가로 다양한 다음 목표들을 계획하게 됐다고 말한다.

무엇을 시작하고 이루는 것에 나이의 한계가 있는 것이 아니다. 언제든 마음먹고 시작하면 결과는 자연스럽게 성취되는 것이라는 것을 확인시켜줬다.

적자생존 성취력

정상근 대표는 여행을 다녀온 후 자신의 버킷리스트에 '책'이란 단어를 추가했다. 여행기를 책으로 출판하겠다는 23세의 목표는 약 1년 뒤 현실이 되었고, 24세에 세웠던 '조용한 곳에서 한 달간 책 읽기'란 목표는 2년 후, 강원도의 한 절에서 책을 읽으면서 이루어졌다. 그때 중요무형문화재 제29호 '서도소리' 이춘목 선생님을 우연히 만나게 되는데 그 후에 선생님과 국악을 알리기 위해 미국 샌프란시스코로 공연을 함께 다녀오기도 했다.

버킷리스트를 실행하는 과정에서 정 대표의 삶이 다양해졌다고 말한다. 어떤 것을 목표로 잡았다면 적어야 한다. 적고 계속 그것을 생각하며 머릿속에서 마음속에서 사라지지 않도록 관리해야 한다. 정 대표의 버킷리스트가 아직도 진행되고 있는 것을 보면 알 수 있다.

정상근 대표의 계획 중 특이한 것은 다양한 직업을 갖고 싶어 한다는 것이다. 정치, 사회봉사, 여행, 언론, 국제관계 등 적어도 10개 이상의 다른 직업에 도전할 계획을 세웠다고 한다. 이런 경험들은 정 대표가 더욱 진정으로 원하는 일을 찾는 데 도움이 될 거라 믿고 있다.

앞으로도 계속 도전하고 새로운 꿈을 꿀 계획이라는 그의 생각이 대단하다. 한 번뿐인 인생을 후회 없는 삶으로 만들고 싶기 때문이다.

그는 이렇게 말한다. '전 세계는 도전하는 사람에게 열려 있다고 믿는다.' 불안해하지 않고 계속 도전하면서 살 것이라는 그는 '부모님과 함께 세계여행', '난민캠프 혹은 제3세계 현장 활동가 되기', '세계 유명 대학에서 강연하기'라는 목표를 버킷리스트로 적어놓고 성취력으로 하나씩 이루어가고 있다.

3강

나는 성취력 전문가

15살짜리
삼성컴퓨터 아르바이트

어느 날 갑자기 가족과 떨어져 살게 되었다. 집안 형편이 이렇게까지 힘든지 모르던 나이가 지난 것이다. 지금 내가 할 수 있는 일이 무엇일까를 고민한 것도 처음이었다. 가족들과 함께 같은 집에서 사는 것이 얼마나 큰 위로가 되고 힘이 되는지 깨닫게 된 순간이다. 밤은 너무 무서웠고 바닥은 너무 차가웠다. 더 이상 이렇게 살고 싶지 않았다. 영화 속 한 장면처럼 세상에 혼자 남겨진 나의 모습을 현실로 받아들일 나이가 된 15살이었다.

하고 싶은 것을 말하라!

어떻게든 현실을 벗어나고 싶다는 강한 의지가 생겼다. 그 생각을 수없이 많이 해서 다른 생각은 내 머릿속에 들어오지도 않았던 것 같다. 우연히 등굣길에 컴퓨터를 판매하는 가게가 새로 생긴 것을 보고 종일 그 생각으로 하루를 보냈다. 집에 돌아오는 길에 무엇인가에 이끌리듯 아침에 보았던 그 가게로 들어갔다. 사장님처럼 보이는 사람에게 무작정 컴퓨터에 대해서 묻고 너무나도 갖고 싶고 배우고 싶다고 말했다. 그렇게 간절히 원했던 첫 아르바이트를 그 가게에서 할 수 있게 된 것이다.

아주 단순한 경험이라고 말할 수 있을지 모르겠다. 그렇지만 나에게 당시 20만 원의 월급을 줄 수 있는 최고의 일자리가 생긴 것이다. 컴퓨터를 새로 구입하는 가정에 방문해서 주말에 간단히 소프트웨어와 게임에 대해서 설명하고 기능을 알려주는 일이었다. 그 결과 가족과 다시 한집에 살 수 있다는 사실에 너무 행복했다. 지금 생각해도 그때의 기억은 지금까지 성취했던 그어떤 일보다 의미 있는 사건이었다. 수없이 생각하고 간절히 원하면 어떤 방법이 생긴다는 작은 원리를 조금씩 깨닫기 시작했던 순간이다.

어느 날 컴퓨터를 구매한 한 가정에 방문해서 각종 소프트웨어를 설치해주고 몇 가지 게임을 설치해주고 있었다. 그 집의 아주머니께서 이해가 안 된다는 표정으로 "너는 몇 학년이니?"라고 묻고 나는 "중학교 2학년입니다."라고 대답했다. "아버님께서 하시는 컴퓨터 가게인가 봐?"라고 말씀하시며 그래도 어린 나이에 대단하다는 말투로 "어린아이가 이런 일을 다 한다."고 말씀하셨다.

누군가에게는 한참 공부할 나이고 놀러 다닐 나이일 수 있다. 하지만 누군가에게는 가족과 함께 살기 위해서 열심히 일을 해야 하는 나이일 수도 있는 것이다. 그런 것은 중요하지 않다. 누가 어떤 생각을 갖고 나에게 무슨 말을 하든 중요한 것은 내가 어떻게 생각하고 어떻게 행동하는가인 것이다.

누군가의 눈치를 보고 부끄러워하거나 주변 친구들의 시선에 창피했다면 아예 시작도 안 했을 일이었다. 하지만 나는 그 일을 통해 가족과 떨어져 지낼 필요도 없어졌고 스스로가 어린 나이에 돈을 벌 수 있다는 성취감도 얻은 셈이다.

현대 사회 속에서는 누군가에 시선을 의식해서 행동하거나 누구의 말에 휩쓸려서 자아를 잃고 남들 하는 것만 따라 하며 사는 사람들이 많아지고 있다. 결국 똑같은 과정을 겪은 사람들은 똑같은 목표와 똑같은 미래를 꿈꾸고 자신이 원하는 미래가 아니라 부모가 혹은 사회가 원하는 미래를 향해 달려가는 것이다.

진짜 자신이 하고 싶은 일이 있고 해야 할 일이 있다면 주위의 시선 따위는 신경 쓰지 마라! 그런 편견에 휘둘려 자신이 추구하는 행복한 미래를 포기할 이유가 없다.

부모님께서 시킨 대로 열심히 공부하고 좋은 대학을 나와서 남들 부러워하는 대기업에 취업했지만 3년도 안 되는 직장생활을 마치고 이직하거나 퇴직하는 청춘들이 많이 있다.

자신의 인생을 남의 시선과 기대에 맞추기 위해 살아온 인생의 결과이다. 진짜 내가 하고 싶은 것, 그것을 해야 후회가 없다. 설령 지금 그 일이 남들 눈에 하찮게 보이더라도 중요치 않다. 어차피 내 인생을 책임지고 살아야 하는 것은 바로 나 자신인 것이다. 당시에 주변에서 수많은 조언을 했던 사람들은 내 인생에 책임지지 않는다. 부모님을 위해서 부모님께서 원하는 일을 하려고 하지 말고 자신이 행복한 일을 시작하라. 스스로 편견을 버리지 못하면 꿈꾸는 삶을 살 수 없다.

무작정 열심히는 하지 마라!

평상시처럼 학교에 가서 수업을 듣고 있었다. 갑자기 방송에서 나를 찾는 소리가 들렸다. 컴퓨터실로 오라는 방송이었다. 무슨 일인지 모르겠지만 선생님께 말씀드리고 컴퓨터실로 갔다. 그리고 깜짝 놀랐다. 사장님, 부장님, 과장님 컴퓨터 대리점 직원들이 우리 중학교에 컴퓨터 설치를 하러 온 것이다. 너무 반가우면서도 신기했다. 내가 하고 있는 일이 직접 나와 관계있는 곳에서 일어난다는 사실이 웃기기도 했고 재밌기도 했다. 들뜬 마음으로 모니터를 포장지에서 꺼내고 본체와 함께 설치를 시작했다. 담당 선생님도 놀랍다는 표정으로 신기해하셨다.

70여 대의 컴퓨터를 빠른 시간 내 설치하는 일이었다. 평소처럼 익숙한 손놀림으로 한 대 한 대 설치하기 시작했고 금세 많은 컴퓨터들이 제 자리를 잡아가고 있었다. 그러던 중 갑자기 박스에서 모니터를 꺼내서 완충제와 분리하던 순간 손이 미끄러져 모니터를 놓치고 말았다. 정말 머리가 쭈뼛해지는 기분을 느꼈다. 당시 상당한 고가의 컴퓨터 모니터가 파손되기라도 한다면 내가 지금까지 열심히 아르바이트해서 번 돈보다 더 큰돈을 변상해야 하는 상황이었다.

의욕에 넘쳐서 무작정 열심히 하는 것은 중요하지 않다. 제일 중요한 것은 잘하는 것이다. 최선을 다했다고 후회 없다고 말하는 경우가 있지만, 그것은 결과가 나쁘지 않았을 때 이야기다. 과정에서 최선을 다해서 열심히 했다면 당연히 결과가 좋을 수 있도록 항상 신중해야 한다. 다행히 모니터 아랫부분 받침대 쪽으로 떨어져서 교실 마룻바닥에 안착하여 큰 손상은 없었으나 가슴을 쓸어내리는 그런 경험이었다.

시작하면 성취한다

첫 월급을 받고 여러 가지 생각을 하게 되었다. 생각만 하고 컴퓨터 가게에 들어가지 않았다면 어땠을까? 힘들고 어렵다고 주저하고 시작하지 않았다면 어땠을까?

생각보다 많은 일들은 안 될 것 같은 상황에서 가능한 경우가 많다. 대부분 사람들이 안 될 것이라고 생각한 일들이 우리 주변에 쉽게 이뤄지는 것을 보기도 한다. 그런 일일수록 사람들이 쉽게 도전하지 않기 때문인 것 같다.

반대로 그런 일들에 도전하면 누구나 다 도전하는 그런 일들에 비해 성공확률이 높다. 남들이 다 된다는 일을 어렵게 시작하지 말고 대부분이 안 된다고 말하는 그 일을 시작하라. 그럴 때 남들이 누릴 수 없는 새로운 결과를 얻게 될 것이다.

15살에 돈을 벌 수 있다는 생각을 해본 적이 없었다. 단지 가족들과 떨어져 살고 있는 내 현실이 싫었고 그 상황을 벗어나고 싶었던 나의 간절한 마음이 나에게 용기를 주었고 새로운 길에 문을 열게 했다.

머릿속에서만 생각하고 있는 것이 있다면 시작하라. 그다음은 시간이 알아서 해결해 줄 것이다. 집중해서 열심히 하다 보면 어느새 좋은 결과를 성취할 것이다. 고민하고 생각만 한다고 해결되는 일은 없다. 어린 나이라고 안 될 것이라 생각했다면, 컴퓨터에 대한 지식이 없다고 포기했다면 아마도 이런 좋은 결과는 없었을 것이다.

영어 18점 국립대 입학

아버지의 계속되는 사업 실패로 흔한 학원 한 번 못 다니고 중학교에 진학했다. 그렇게 시기를 놓친 영어 공부가 대학 진학까지 계속 발목을 잡았다. 중학교 1학년 담임선생님께서 영어교과목 부장님이셨는데도 성적이 40점대였다. 솔직히 말하면 참 영어를 못했던 학생이었다. 그렇게 고등학교 진학 후에도 크게 달라진 영어실력을 찾아볼 수 없었고 대학 수능시험에서 여러 가지 이유가 있겠지만 80점 만점의 영어영역에서 18점을 받게 된다.

자신에게 칭찬하라

중학교 1학년 시절 담임선생님께 참 많이 혼났다. 다른 과목에 비해 눈에 띄게 떨어지는 영어성적 때문이었다. 하지만 유독 잘하는 과목이 있었다. 바로 수학이다. 수학 선생님이 너무 예쁘셨다. 그런 그분이 늘 나를 칭찬해주셨다. 수학을 뛰어나게 잘한 것도 아니었지만 항상 선생님께서 "상훈이 같은 학생이 조금만 더 노력하면 참 잘할 수 있다."고 말씀해주셨다. 나는 최선을 다해서 예습과 복습을 했다. 당연히 영어성적은 형편없었지만, 수학 성적은 좋을 수밖에 없었다. 너무나 즐겁고 행복했다. 우리가 어려운 수학문제를 며칠에 걸려 풀었을 때의 성취감이란 말할 수 없을 정도로 기쁘지 않은가! 그런 이유에서인지 수학은 나날이 실력이 좋아졌고 더 어렵고 힘든 문제에 도전하게 되었다.

결국 사람은 스스로 좋아하고 즐길 수 있어야 잘할 수 있다. 그렇게 되려면 자신에게 칭찬할 수 있어야 한다. 자신이 한 일의 결과에 대해서 만족하고 조금 더 동기 부여할 수 있도록 스스로를 칭찬해줘야 한다. 어차피 해야 하는 공부지만 싫어서 하는 것과 하면서 재미를 느끼는 것은 분명한 차이를 보인다. 매번 못한다고 혼나기만 하는 영어보다 잘하지는 못해도 가능성에 대해서 칭찬해주는 수학 선생님 덕분에 수학을 잘하게 되었다.

대학에 가서도 공업수학을 A+ 받을 정도로 결과는 영어와 달랐다. 자신을 아끼고 자신이 하고 있는 것에 보상할 줄 알아야 지속적인 성장을 견인할 수 있다. 자신에게 충분한 칭찬이 필요한 이유이다.

끝까지 그냥 하는 거다

대학입학 수능시험을 얼마 남기지 않은 어느 날 대학 진학을 포기한 몇 명의 친구들이 모의 영어듣기 평가 시간에 잡담을 하고 소란을 피웠다. 공부 좀 하는 친구들과 대학 진학을 위해 열심히 막바지 체크를 하는 친구들의 불만이 터져 나왔다. 전교학생회 부회장과 반장을 겸직하고 있던 상황에서 그냥 보고만 있을 수 없었다. 친구들이 대학 포기한 친구들한테 조금 강력하게 얘기해서 다른 친구들한테 피해 주는 것은 막아야 하는 것 아니냐고 항의가 들어왔다. 사실 평소에 오토바이를 즐겨 타고 선생님의 말씀에 상관없이 행동하는 일명 일진 친구들에게 섣불리 이래라저래라 말하기 쉽지는 않다. 특히 대입수능시험을 앞두고 진학을 포기한 친구들이 볼 때 열심히 공부하는 친구들이 얼마나 마음에 안 들었을지 지금 생각해도 이해는 된다.

매일 아침 반복되는 모의 영어듣기 평가 시간에 또 그 친구들이 시끄럽게 소란을 피우는 순간 어쩔 수 없이 나서게 되었고 결국 몸싸움과 함께 주먹다짐까지 하게 됐다. 머리와 덩치가 유별나게 큰 친구와 격투 끝에 더 이상 다른 친구들에게 피해는 없었지만 그날 오후부터 오른손에서 시작된 통증에 몸에 문제가 생겼다는 것을 알 수 있었다. 결국 대학병원에 가서 검사한 결과 골절이라는 진단을 받았다.

너무 아파서 펜을 잡을 수도 없었고 손은 붓기 시작해서 점점 커졌다. 의사 선생님께서는 지금 당장 할 수 있는 조치는 다 했지만 시간이 걸릴 것이라고 말했다. 대입 수능시험을 불과 며칠 앞둔 시점에 일어난 일이었다.

크게 성적이 좋은 편은 아니었지만 잘 준비하면 서울 소재의 어느 정도 괜찮은 대학에 낮은 성적으로 진학이 가능한 수준의 시험 결과들이 몇 번 있었던 터라 부모님도 내심 기대가 크셨다. 그런데 청천벽력 같은 골절 소식은 내 인생 최대의 위기와 함께 부모님께는 큰 실망을 안기게 되었다. 진통제를 처방받고 왼손으로 시험문제를 풀어야 하는 상황이었다.

첫 시간 언어영역부터 수리탐구 1, 2영역이 끝나는 세 번째 시간까지는 어떻게든 버텼다. 그런데 마지막 영어영역 시험이 시작될 무렵 듣기 평가가 시작되는데 너무 아파서 도저히 시험을 더 치를 수 없었다. 결국 대충 듣고 체크하고 앞 시간에 했던 것처럼 겨우 왼손으로 마킹하고 시험장을 나왔다. 영어 18점은 그렇게 만들어졌다. 그래도 끝까지 그냥 하는 거다.

방법이 없는 일은 없다

당시 골절되었던 손의 뼈가 제대로 자리잡지 않은 상태에서 붙어서 지금도 살짝 튀어나와 있다. 이런 손으로 수능시험을 끝까지 마무리한 것은 쉽지 않은 일이었다. 정말 막막했다. 시험 성적을 기다리는 내내 마음이 우울했다. 여유 있는 가정형편도 아니고 자식 하나 바라보며 궂은일을 하고 사시는 부모님을 생각하면 나의 경솔한 행동을 후회도 많이 했다. 그렇지만 엎질러진 물인 것을 어쩌겠는가!

성적이 나왔고 영어영역만 아니면 나쁘지 않은 성적이었다. 대학 진학은 포기할 수 없다는 생각으로 상황에 맞는 대학을 고심 끝에 고르고 골라서 수리영역 가산점이 있는 지방 국립대에 원서를 넣고 합격하게 되었다. 영어영역에서 부족한 부분을 수리영역 가산점으로 해결한 것이다.

짧은 몇 달 동안 참 많은 일들이 있었다. 순간의 잘못된 판단으로 몇 년간 준비한 대학 입학을 포기할 수도 있었다. 시험 보는 시간 내내 여러 가지 안 좋은 생각도 했지만 포기하지 않고 방법을 찾았더니 어떻게든 길은 있었다. 세상에 방법이 없는 일은 없다는 사실을 깨닫게 되었다. 지금도 생각하면 아찔하다. 조금 아쉽고 후회도 되지만 당시의 현명한 판단으로 지금까지 잘 살고 있다.

우리는 수없이 많은 선택의 순간에 직면한다. 그때 긍정적으로 상황을 볼 것인가? 비관하고 부정적으로 포기할 것인가? 선택에 따라서 완전히 다른 결과를 얻게 된다. 호랑이한테 잡혀가도 정신만 차리면 산다고 하지 않았는가! 아무리 불가능한 일도 정신 차리고 방법을 찾으면 반드시 길은 있다.

좋은 사람을 찾지 말자

다행히 국립대는 학비가 비싸지 않아서 크게 부담이 되는 입학금은 아니었다. 하지만 생활비와 책값은 생각보다 부담되는 비용이었다. 어린 시절 경제활동으로 알아서 가계에 보탬이 되었던 내가 성인이 되어서 용돈을 받아 쓸 수 있는 상황은 아니었다. 목마른 사람이 물을 찾아 열심히 다니다 보면 우물이 보이는 경우라고 말해야 될까! 입학과 동시에 좋은 선배들과 지도교수님 덕분에 학생회 활동과 함께 장학금을 받을 수 있었다. 당시 내가 감당할 수 없는 경제적 어려움으로 고민하고 있을 때 지도교수님께서는 이렇게 말씀하셨다.

"너의 가치에 비하면 지금의 경제적 어려움의 크기라고 하는 돈은 그렇게 큰 것은 아니니 지금 현재에 최선을 다하고 열심히 살았으면 좋겠구나."

아직도 교수님의 말씀을 잊지 않고 열심히 살고 있다.

누군가 이런 말을 했다.

'좋은 사람을 찾아다니지 말고 내가 좋은 사람이 되라.'

많은 사람들은 자신이 정한 기준에 따라서 좋고 나쁨을 나누고 좋은 사람과 함께하기 위해 사람을 구분한다. 하지만 사람은 누구나 완벽할 수 없을 뿐 아니라 나 자신이 좋은 사람이 아니면 주변에 좋은 사람들이 있을 수 없다. 결국 내가 좋은 사람이 되려고 노력하는 것이 이 넓은 세상에 좋은 사람을 찾으러 다니는 것보다 훨씬 쉬운 일이라는 것을 깨닫게 되었다.

아직도 연락하고 지내는 고마운 분들의 지원 덕분에 어려운 상황에도 불구하고 대학생활을 잘할 수 있었던 것 같다. 받은 만큼 나눌 수 있는 사람이 되어야겠다고 결심하게 된 것도 내가 좋은 사람이 되기 위한 방법을 고민하는 것과 같은 이유이다. 내가 좋은 사람이면 당연히 주위에는 좋은 사람들이 모이기 마련이다.

5학년 총학생회장

어려운 형편에 대학을 다니는 것이 쉽지 않았다. 주말에는 일명 '노가다'라고 불리는 공사판 허드렛일을 하고 평일에는 어린이집에서 체육선생과 수학 과외를 병행했다. 그렇게 열심히 살면서도 놓치지 않고 했던 것이 학생회 활동이었다.

입학과 동시에 과학생회 체육부1차장으로 온갖 잡일을 도맡아 했다. 어려서부터 학급 반장, 대의원회, 전교학생회 등의 활동 경험으로 대학에서 학생회 활동하는 것이 어렵지는 않았다.

군에 다녀와서 2학년 복학 후 과대표로 활동하고 당시 과학생회장 선배의 총학생회장 선거를 도와줬던 경험이 있었기 때문에 3학년이 되었을 때 주변의 권유와 함께 총학생회장에 도전했다. 하지만 첫 선거에 낙선하게 되고 4학년에 다시 도전해서 당선이 되는 학교 역사상 없었던 대기록을 세우게 된다.

사람이 공부다

대학에 입학하고 3개의 동아리 활동과 학생회 활동을 하면서 사실 공부는 크게 신경 쓰지 않고 1학년을 마쳤다. 요즘 대학생들이 상상할 수 없는 우리 시대의 학교생활은 자유를 만끽하고 성인으로서 누릴 수 있는 다양한 것들을 선배들과 함께 경험하는 생활이었다.

너무 좋았다. 공부가 아닌 각자가 살아온 이야기를 이렇게 다양한 사람들과 함께 나눌 수 있다는 것만으로도 매력적이었다. 누구보다 많은 사람을 만나고 다른 누구보다 많은 경험들을 간접적으로 접하고 싶었다.

교양과목 수업을 듣게 되면 같은 조에 편성된 다른 전공학과 학생들과 모임하면서 그들의 새로운 생각을 듣기도 하고 그 친구들의 같은 학과 선후배들의 모임에 찾아가서 같이 생각을 나누기도 했다.

고등학교까지 하지 못했던 자유로운 표현을 내가 할 수 있는 모든 논리를 동원해서 설득하기도 하고 자료를 준비해서 발표하면서 성장하는 자신을 발견하기도 했다.

누가 시켜서가 아니라 내가 좋아서 더 많은 사람들을 만나길 원했고 다양한 사람들의 의견을 귀담아듣고 메모하며 나만의 가치관을 정립하는 좋은 시간들이었다.

대부분 불확실한 미래와 취업 그리고 꿈, 취미에 대해서 이야기를 나눴지만 사회문제, 정치, 국가에 대해서 생각을 넓혀가고 대학생으로서의 역할을 고민하고 행동에 옮기는 경험도 했다. 정말 신기하고 놀라운 일이었다.

우물 안 개구리가 세상 밖으로 나온 기분이라고 할까. 모든 것이 재밌고 즐겁고 배움 자체가 주는 것 이상으로 다양한 관심사와 경험 그리고 지식으로, 내가 만나는 사람들을 통해 존재감을 느끼게 해주는 시간이었다. 자연스럽게 사회문제와 학내문제에 대한 해결을 고민하게 되었다. 누군가 해야 한다면 내가 나서서 해야 되겠다는 생각을 갖게 됐다.

하고 싶으면 생각하지 말고 그냥 하라!

고등학교 겨울방학부터 시작한 스키장 아르바이트는 매년 겨울이면 어김없이 하게 된다. 처음에는 장비 대여소에서 스키와 스노우보드 장비를 신체에 맞게 조절해서 세팅해주고 대여하는 일을 시작했다. 그러면서 장비에 대해서 조금씩 알게 되었고 야간개장 시간에 직원들과 주위 강사님들과 함께 스키나 스노우보드를 조금씩 타게 되었다.

한 해 동안 야간에 열심히 타고 다음 해부터는 누군가를 가르

칠 수 있는 수준의 실력이 조금씩 생겼다. 그렇게 시작한 아르바이트로 아마추어 경기에 출전하기도 하고 시간이 지나면서 어느 정도 실력을 갖추게 되어 쟁쟁한 수준급의 선수들과 경기를 하는 경험도 하게 된다.

모든 시작은 그렇다. 별것 아닌 것처럼 시작되지만 작은 것들이 쌓여서 생각하지 않은 결과를 만들기도 한다. 하지만 시작하지 않으면 아무것도 없다.

처음 스노우보드를 배우게 된 것도 우연한 기회에 시작된 것이다. 하지만 무엇인가 익숙해지기 전에 대부분 포기하거나 흥미를 잃고 중간에 그만두는 경우가 대부분이다. 그렇다 하더라도 의미가 있다. 다시 시작할 때가 되면 몸은 이미 과거의 경험을 기억하고 있기 때문이다. 하지만 마음속으로 아무리 하고 싶다고 생각만 한들 막상 현실로 이뤄지지 않는 것은 내가 시작하지 않았기 때문이다.

벌써 스노우보드 경력이 20년이 되었다. 중간에 한 시즌만 빼고는 매년 스키장에 찾아갔다. 심지어 군에서 휴가를 나와서도 스키장에서 보드를 탔다. 결국 시작하고 시간이 지나면 어느 순간 생각한 것 이상으로 결과는 만들어진다. 시작하라! 하고 싶은 것이 있다면 당장 지금 시작하라!

 내가 총학생회장이 되고 싶었던 가장 큰 이유는 학교의 변화를
이끌고 싶어서였다. 나의 생각에 동의해주는 많은 학생들이 함께
했고 일찍이 시작한 활동으로 어렵지 않게 총학생회장 선거에서
이길 것 같았다. 하지만 1년 가까이 도와주던 가까운 친구가 본
인이 출마하겠다고 선언한 이후 우리를 지지하던 사람들은 반으
로 나뉘게 된다. 아니, 대부분이 그 친구를 돕게 되고 나는 공대
와 자연대 두 개 단과대학 학생회에서만 도움을 받게 된다.

 항상 다 된 것 같은 그 순간 생각지 않은 일이 생긴다. 13개 단
과대학 중 9개 단과대학의 지지를 받으며 선거를 준비하던 상황
에서 단 2개 단과대학만, 그것도 중립적 입장으로 도와주는 상황
이 된 것이다.

 참 가깝게 지냈던 친구인데 그때 왜 그런 선택을 했는지 아직
도 궁금하다. 결국 3학년에 첫 도전했던 총학생회장 선거는 2등
으로 아쉽게 낙선하고 만다.

 선거라는 것이 얼마나 냉정한지 다시 한 번 인생을 배우는 큰
경험으로 다가왔다. 생일에 120여 명의 학생들이 찾아왔던 사람
이 한순간 어느 누구도 찾지 않는 빚만 남아있는 사람이 되었다.
그 빚을 갚기 위해 또 아르바이트를 시작했고 이번에는 비를 맞
으며 오토바이를 타고 물건을 배달하는 일을 시작하게 된다.

내가 낙선해서 속상한 것보다 나를 지지해주고 도와줬던 많은 학생들에게 아픔을 남겨줬던 상황이 너무 싫었다. 사람도 만나고 싶지 않았고 누군가 내 이야기를 하는 것도 싫었다. 그렇게 9개월 동안 학교도 제대로 다니지 못하고 선거 때 사용한 경비를 해결하고자 열심히 일만 했다.

드디어 어느 정도 아르바이트로 빚이 정리되고 남은 100만 원으로 무엇을 할까 고민하다가 모 도자기 회사 창립기념으로 세일 중이던 머그잔 세트를 9,900원에 100여 개를 구입해서 지난 선거에 도와준 고마운 사람들에게 인사를 다녔다. 그리고 진심을 다해서 말했다. 너무 고맙고 감사합니다. 평생 살면서 소중한 기억으로 남을 것이고 지금까지 마음 써준 것 잊지 않고 살겠습니다. 말하고 다녔다. 대부분의 사람들이 한 번 더 도전하면 안 되겠냐고 물었다. 하지만 나는 그럴만한 돈도 마음도 남아있지 않았다.

2만 1천 학우의 대표로 선택되다

그렇게 몇 개월 만에 학교수업에 복귀하게 되었고 평범한 학생으로 다시 열심히 수업을 듣고 있었다. 그런데 어느 날 갑자기 몇명의 후배들이 성금을 모아왔다고 말하고 다시 한번 뛰어보자고 제안을 했다.

돈 한 푼 없이 선거하는 것이 불가능하다는 것은 누구나 다 알 것이다. 운동원들 식대는 그렇다 쳐도 포스터, 현수막, 인쇄물 같은 홍보비용, 사람 만날 때마다 편의점에서 사는 음료수 비용만 해도 적지 않은 돈이 든다. 그런데 내 주머니에는 그럴 여유가 없었다. 그냥 하루 세 끼 거르지 않고 학교 수업 잘 듣고 졸업하기도 벅찬 상황에서 두 번이나 총학생회장에 도전한다는 것은 거의 불가능한 일이었기 때문이다.

그런데 선거비용으로 쓰라고 돈까지 모아왔다고 같이 한 번만 더 뛰어보자고 말하는 그들의 눈을 잊을 수 없다. 작년에는 형이 하고 싶어서 했다면 이번에는 우리가 꼭 만들고 싶어서 하고 싶다는 그들의 말과 마음에 감동하지 않을 수 없었다.

나를 정말 예뻐하셨던 지도 교수님께서는 알뜰하기로 유명했는데도 20만 원이라는 거금을 지원해 주셨다. 그렇게 모아서 시작한 두 번째 도전은 처음과 분위기가 달랐다. 이전 선거에서는 기획사에 모두 맡겼던 일들을 손수 제작하고 발로 뛰고 새벽부터 나와서 일했다. 하루 한 끼도 제대로 못 먹을 때도 있었지만 열심히 뛰었다.

다른 사람들은 정신 나갔다고 했다. 뭐 대단한 일이라고 두 번이나 도전하고 그것도 돈 써가며 학교를 위해 봉사한다고 나서느냐고 말하는 사람들도 있었다.

기회가 될 때마다 벤치에 앉아있는 학생이든 도서관에서 나오는 학생이든 식당에서 식사 중인 학생이든 묻고 답하고 듣고 적고 학생의 불편함과 어려움을 해결해줄 수 있는 사람이 되겠다고 약속하고 열심히 돌아다닌 결과 두 번째 도전 만에 2만 1천 학우의 대표로 선택되었다.

당선 이후 제일 먼저 한 일이 타 후보와의 연정이었다. 나보다 더 뛰어난 친구였지만 생각이 달라서 함께 후보로 나서지 못했던 상대 후보를 총학생회 국장으로 모셨다. 그리고 임기 1년 동안 그 친구와 함께 많은 일을 같이 했다.

두 번째가 학우들의 의견에 바로 답하는 것이었다. 학교 게시판에 올라오는 각종 의견들을 실시간으로 확인하고 답글을 달아서 소통했다.

만약에 첫 번째 도전에 성공했다면 그렇게 잘하지 못했을 것이다. 하지만 두 번째 도전 만에 선택된 사람은 그 소중함을 너무나 잘 알고 시작했기에 학우들의 의견 하나도 놓치지 않고 반영하기 위해서 최선을 다했던 것이다.

04

부자 만나러 취업한 BMW

97년 IMF 외환위기 이후 취업이 갑자기 어려워지기 시작한 그 해에 대학에 입학했다. 1학년 다니면서 학비 걱정으로 군에 지원한 친구들이 너무 많아서 입영신청을 해도 1년을 기다려야 하는 상황이었다. 군에 가서는 더 심각했었다. 건빵 한 봉지를 세 명의 사병이 나눠먹기도 했었다.

내 기억에는 그때부터 확실히 취업이 어려워졌다. 그래서 대학을 마칠 때까지 학비 걱정과 아르바이트로 힘들었던 내가 결정할 수밖에 없었던 선택이 있다. 바로 부자를 만나서 배워야겠다는 것이었다.

부모님을 잘 만나서 여유 있게 사는 사람들이 더 많겠지만 그래도 몇 명의 부자라도 스스로 노력해서 성공한 자수성가형 부자를 만날 수 있는 기회가 있는 직장을 선택하겠다는 나의 강력한 의지가 있었다.

처음 BMW에 입사해서 막막했다. 주변에 수입차 타는 사람이 아무리 생각해봐도 없었다. 그래도 대형 세단을 타고 다니는 조금 괜찮은 분들이 두 분 정도 있었다. 차를 어떻게 하면 팔 수 있을까? 다른 영업사원처럼 아파트단지 지하주차장을 돌아다니면서 명함을 꽂으면 연락이 올까? 판촉행사에 나가서 전단지를 나눠주면 될까? 그렇지 않았다. 정말 많은 사람을 만나고 명함을 나눠줘도 차는 쉽게 살 수 있는 것이 아니었다. 특히 당시의 수입차는 더욱더 그랬다.

하지만 내가 가지고 있는 이 명함 한 장이면 누구나 만날 수 있었다. 특히 어느 정도 성공한 사람, 경제적으로 여유 있는 사람, 나름 출세한 사람들을 명함 한 장으로 만날 수 있다는 사실을 깨닫게 되었다.

그래서 생각해낸 것이 각 분야에 최고 잘나가는 사람, 최소한 그 분야에 손가락 안에 들어가는 사람은 누구인지, 그 사람들에게 찾아가야겠다고 생각하고 명단을 모으기 시작했다.

관광업계에서 최고 성공한 회장님, 미술계에서 성공한 화가, 유통업계에서 성공한 대표님, 고기유통에서 성공한 사장님, 건설업계에서 최고 매출을 올리는 회사의 대표님 정말 만날 사람이 많았다. 하지만 그분들은 시간을 내주지 않았다. 나를 만날 이유가 크게 없었기 때문이다.

그래서 어떻게 하면 만날 수 있을까 고민을 하다가 편지를 썼다. 사회 초년생으로 첫 직장을 다니면서 인생의 선배님으로서 성공한 분들에게 조언을 구하고 싶다는 내용이었다. 생각보다 많은 분들께서 시간을 내주셨고 만날 수 있었다. 아무리 유명하고 바빠도 결국 못 만날 사람은 없었다.

물건을 팔지 말고 인생을 배워라

흔히 지나가는 빨간색 스포츠카에 나이 어린 사람이 앉아있으면 대부분 이렇게 말한다.

"누구는 부모 잘 만나서 팔자 좋다. 있는 것들은 좋겠다."

그렇게 말하면 안 된다. 부당하게 돈 번 사람도 있겠지만 대부분 자수성가한 사람들은 정말 쉽지 않게 부자가 되었다. 우리나라에서만 유독 부자들을 부정적으로 생각하는 경우가 많지만 내가 만난 분들 중에는 좋은 일에 많은 시간과 비용을 사용하는 훌륭한 분들도 많다. 그렇게 만난 성공한 분들은 달라도 확실히 달랐다. 고생 없이 잘된 분이 한 명도 없었다.

그냥 쉽게 물려받아서 부자 된 것처럼 우리가 그냥 쉽게 말하지만 물려받는 것도 쉬운 일이 아니다. 사실 그렇게 되기까지 수없이 많은 어려움을 이겨낸 분들이다. 내가 그분들과 만나서 할 수 있는 것이라고는 그분들의 성공담을 듣고 메모하고 그분들이 겪은 다양한 경험들을 간접적으로 느끼는 것밖에는 없었다.

하지만 1~2시간 열심히 나에게 지난 살아온 시간을 설명하시고 나면 꼭 물어보셨다.

"그러는 자네는 어떤 일을 하고 있는 것인가?"

"저는 차를 팔지만 제가 이 일을 시작하게 된 것은 사장님처럼 성공한 부자들을 뵙고 싶어서였습니다."

그러면 하나같이 내가 도와줄 것은 없느냐고 되물으셨다. 그럴 때 나는 "바쁘면서도 이렇게 소중한 시간 내주시고 지금처럼 성공한 과정의 이야기까지 들려주셨는데 저는 이것으로 충분합니다. 그리고 너무 고맙습니다."라고 말했다.

그 시간이 너무 좋았다. 누군가에게는 정말 간절하게 절실하게 이겨내야 했던 순간들을 나는 아무 비용 없이 직접 들을 수 있는 것만으로도 너무 감사한 일이었다.

그때 몇 분께서는 "내가 차를 바꾸게 되면 자네에게 연락하겠네."라고 말씀하셨다. 내가 한 것이라고는 그분이 살아온 경험을 듣고 내 인생에 도움이 된 것과 그분이 지혜롭게 해결했던 순간들을 메모하고 내 것으로 만들기 위해 경청했던 것밖에는 없었는데 의외의 반응이었다.

그런 경험들이 쌓이면서 나는 더 이상 차를 팔지 않았다. 그분들의 소중한 경험을 경청하고 내 앞에 말씀하고 계신 분이 그러했던 것처럼 열정에 찬 눈빛으로 내 삶을 살아가겠다는 다짐만을 할 뿐이었다.

전문가와 함께 하라

솔직히 나는 차에 대해서 잘 알지 못했다. BMW에 입사해서 교육을 받으면서 조금씩 알게 되었을 뿐 그 전에 내가 알고 있는 상식이라고는 운전면허를 취득할 때 배웠던 것이 전부였다. 하지만 자동차 세일즈를 10년 이상하신 선배님들은 정말 아는 것이 많았다. 내가 그 정도 경지에 올라가려면 나 또한 그 정도의 시간이 필요할 것 같았다. 그래서 생각했다. 내가 차를 잘 팔기 위해서 공부하는 것은 당연하지만 오랜 경험과 실력 있는 선배님들이 어떻게 하는지 배워야겠다고 결심했다.

전시장에 내방하는 고객님들께서 선배님들과 상담할 때 먼발치에서 어떻게 하시는지 열심히 들었다. 그리고 내가 찾아가야 되는 상황이 생기면 지점장님이나 선배들에게 부탁해서 동행을 요청했다.

확실히 전문가는 다르다. 내가 열심히 노력해서 할 수 있는 것들도 단시간 내 안 되는 것들이 많다. 그것은 단지 안다고 되는 것이 아니라 시간이 필요한 것들이다. 고객에게 신뢰를 주고 믿음을 주는 과정에서 내가 하는 말 한마디와 알고 있는 지식을 필요에 따라 꺼낼 수 있는 능력은 쉽게 만들어지지 않는다. 하지만 오랜 경험으로 쌓여있는 노하우가 있는 선배님들과 동행하면 나는 그것을 빨리 배울 수도 있고 효과적인 세일즈가 되었다. 결국 빠른 시간 내에 나는 전문가들의 도움으로 나 또한 전문가로 성장하게 된 것이다.

내가 되고 싶은 사람을 멘토로 삼고 그분과 많은 시간을 보낼 수 있다면 당연히 닮게 될 것이다. 전문가에게 도움을 요청하고 성장하는 속도를 높이는 것이 요즘같이 급변하는 시대에는 꼭 필요한 부분이다.

▎단기간 지역 판매왕 되다!

자동차 세일즈를 한 기간은 그리 길지는 않았다. 하지만 그렇게 많은 차를 팔 수 있었던 이유가 있다. 중요한 순간에 고객 입장에서 생각했다. 진짜 이분께서 새 차가 필요할까?

자동차는 구매하고 3년 시점이 되는 순간 대부분 신차 값의 절반으로 떨어진다. 물건은 두 가지 종류가 있다. 한 가지는 집처럼 사놓고 시간이 지나면 가치가 오르는 물건과 다른 한 가지는 자동차처럼 사고 시간이 지나면 값이 떨어지는 것이다.

항상 물건을 구입할 때 고민해야 하는 부분이 이것이다. 내가 진짜 필요한 물건인지? 아니면 필요가 아니라 소유하고 싶어서 사는 것인지? 후자라면 합리적인 소비는 아닌 것이다. 그래서 나는 자동차를 팔고 나중에 후회하는 고객이 없었으면 하는 마음에 마지막에 꼭 물어봤다.

"대표님 자동차가 꼭 필요하신 건가요? 아니면 지금 있는 자동차를 더 사용하셔도 괜찮을 것 같으면 그냥 더 타시는 것은 어떨까요? 자동차는 구입하고 시간이 지나면 값이 떨어지고 갑자기 중고차로 판매하게 되면 손해 보는 경우가 대부분입니다."

진심을 다해서 고객 입장에서 생각하고 내가 한 대 더 파는 것 이상으로 손해 보는 일을 최소화하기 위해 물어봤다. 결과는 한 분의 고객이 자동차 구입을 취소하는 순간 그 고객은 두세 명의 새로운 고객을 소개해주셨다.

많이 파는 것이 목적인 세일즈이지만 오랫동안 많이 팔고 잘되려면 반드시 고객 입장에서 한 번 더 생각하는 것이 필요하다는 것을 깨닫게 되었다. 그 결과 1년도 안 되는 기간 동안 최고 판매 대수를 기록하고 지역에서 판매왕이 될 수 있었다.

05

어려서 안 된다던 강남지점장

한 달에 3대씩 팔 수 있었던 BMW를 그만두고 삼성생명으로 이직할 때에는 나름의 생각과 비전이 있었다. 자동차 영업사원으로 일하는 것과 보험세일즈를 하는 것 사실 둘 다 쉬운 일은 아니다. 하지만 적어도 소득과 재산 정도에 따라서 선을 긋고 사람을 만나고 있던 고급 수입차 영업사원보다 다양한 사람들과 만나고 인생을 배울 수 있다는 기대가 첫 번째 이유였다. 또한 회사의 규모와 시장의 크기 그리고 사회적 가치를 보고 보험업계에 뛰어들었다.

보험업에 뛰어들어 처음부터 잘한 것은 아니었다. 동기들과 3개월 간 판매건수로 경쟁하는 루키 시상에서 1위를 놓치고 2위로 우수상을 수상했다. 판매 상품의 금액과 소득의 크기보다 많은 사람들을 만나는 데 최선을 다했다. 어느 순간 생각지 않을 정도의 소개와 도움으로 크게 움직이지 않아도 한 달에 10건 이상의 판매를 기록하고 있을 때쯤 관리자로서 일할 수 있는 기회가 왔다.

혼자가 아니라 함께하는 성취감

혼자 보험 상품을 판매하는 것은 농사짓는 일처럼 꾸준히 정해진 활동을 지속적으로 하면 결과는 따라오는 아주 단순한 일이다. 하지만 누군가와 함께 영업을 하고 나 혼자가 아니라 다른 사람들의 활동을 챙기고 도와주는 것은 아무리 내가 노력해도 안 될 수 있다는 좌절을 경험하게 해주었다.

내가 처음 보험업을 시작할 때는 30여 년을 교직에서 일하셨던 장인어른의 편견을 깨기도 힘들었고 총학생회장씩이나 한 놈이 보험이나 팔고 있느냐는 험한 말도 들을 정도로 인식이 좋지 않았던 시기였다.

결혼한 지 얼마 안 된 상황에서 보험업계에 뛰어들고 난 후, 한마디로 말해 목숨 걸고 일해서 성공하지 못하면 모든 것을 잃을 수도 있겠다는 절실함이 있었다.

주위의 인식 따위는 내가 하는 일에 크게 도움이 되질 않았기에 정말 열심히 일했다. 하지만 나는 나일 뿐 다른 사람들이 나처럼 일하게 만든다는 것이 얼마나 힘든 일인지 매니저를 하기 전에는 몰랐다.

심심하면 지각에 연락이 안 되고, 잠수를 타고 남자친구가 회사에 찾아와 늦게 퇴근시킨다고 멱살을 잡질 않나 부모님의 경제적 문제로 힘들어하는 직원의 정서관리까지 쉽지 않은 관리자의 길을 걷고 있었다.

하지만 혼자 열심히 일해서 얻어지는 성과에 대한 성취감보다 함께 노력해서 달성하는 결과의 열매는 훨씬 달고 값진 경험이었다.

매니저를 시작하고 6개월 만에 팀원이 6명이 되었고 실적으로 전국에서 9위를 하기까지 과정은 팀원들 중 한 명이라도 빠졌다면 이룰 수 없는 일이었다. 의외로 평소에 실적이 좋지 않던 팀원이 결정적인 순간에 큰 역할을 해주었다. 함께하는 순간이 모두 행복했고 고생한 만큼 결과는 더욱 감사했다.

무엇인가의 목표를 정해놓고 팀이 같은 마음으로 하나 되어 최선을 다한다는 것은 참 어려운 일이다. 그런 것에 비하면 나는 참 좋은 동료들과 함께 일했던 것 같다.

수많은 어려움이 있었어도 누구 하나 낙오하는 사람 없이 최선을 다해주었다. 그 시절 지금 생각하면 너무나 행복한 순간이다.

하루는 마감 이틀을 남겨놓고 전국 지점에 특별 프로모션이 주어졌다. 전체 계약 건수로 최다 지점부터 3위까지 회식비를 지원해주는 시책이었다. 평소 같으면 쉽게 도전할 수 없는 숫자의 계약이 필요했다. 하지만 당시의 지점장님과 우리 팀원들은 정말 열심히 뛰었다. 아무도 가능할 것이라 생각하지 않았지만 우리 모두는 서로를 믿고 자신이 맡은 부분에서 결과를 만들어내는 데 최선을 다했고 마침내 순위 안에 시상하게 되었다.

당시 우리 팀원들은 전국에서 최강이었다. 신나게 일한다는 것이 어떤 것인지! 혼자가 아니라 함께 한다는 것이 어떤 것인지 알게 해준 당시의 팀원들에게 진심으로 고맙다.

전설의 300팀

관리자로 2년 차가 되던 해에 우리 팀은 전국에서 2위를 달성한다. 어느 누구도 믿지 않았고 일어나는 것을 꿈조차 꾸지 않았던 결과를 기적처럼 만들어낸다. 말이 2위이지 결코 쉽지 않은 결과이다. 다시 그 시절에 돌아가서 해보라고 하면 가능할까? 의심할 만한 결과이다.

가만히 살펴보면 내가 뛰어나서 된 것은 하나도 없다. 우리 팀원들의 노력 하나하나가 모여서 함께하는 사람들의 간절함과 작은 땀방울이 모여서 이뤄낸 결과이다.

한참 당시에 인기를 모았던 〈300〉이라는 영화에서 정예화된 전사들이 전투에서 수많은 적들과 싸울 때 원형으로 똘똘 뭉쳐서 대적하던 명장면처럼 내 인생에 한 장면으로 기억된다.

거침없이 일했다. 새벽 2시까지 저녁식사를 못하고 고객 상담을 준비했고 진심을 다해서 고객에게 도움을 주기 위해 공부하고 자료를 준비했다. 시켜서 한 사람은 단 한 명도 없었다. 모두가 자신의 미래에 대한 비전과 성공을 위해 스스로 열심히 일했던 순간이다.

누군가 힘들어하면 서로가 위로하고 시키지 않아도 먼저 말 걸어주고 조금이라도 소외되거나 외롭지 않게 응원의 말을 쏟아내며 서로를 격려했다. 모두가 잘한 것은 아니지만 함께하는 우리는 최고였다.

한 명씩 결혼도 하게 되고 아이도 생기고 사회에서 만난 사람이라고 믿기지 않을 정도로 가족 이상으로 잘해줬다. 그런 것이 가능한 이유가 무엇일까? 지금 생각해보면 아주 단순하다. 자신보다 우리를 위해 사는 것이 얼마나 더 큰 가치를 만들어주는지 서로가 너무 잘 알고 있었던 것이다.

요즘은 쉽게 찾아보기 힘든 팀워크, 배려, 관심. 서로에게 큰힘이 되어준 우리였다. 아이돌 그룹 중에 솔로로 나와서 잘되는 경우가 별로 없는 이유도 아마 비슷할 것이다. 혼자 잘나서 잘 되는 것이 아니라 함께할 때 최고인 것이다. 그렇게 우리는 전설의 300팀이었다.

최연소 최단기 지점장

영업 12개월, 매니저 24개월, 보험업계 뛰어든 지 불과 36개월 만에 정규직도 아닌 사업가형 조직에서 지점장으로 발탁됐다. 24개월 만에 총 리쿠르팅 24명, 영업실적으로 전국 2위, 많은 곳에 불려다니며 사내강사로 활약했는데 사실 내가 한 것은 아무것도 없다. 우리 팀원들이 함께 해주어서 된 것뿐이다.

규모가 커지고 자격이 되었지만 당연히 지점장이 되는 것이 아니었다. 자격심사와 평가를 통해서 지점장으로서의 역량을 확인하는 과정에서 생각지 않은 전화를 받게 됐다. 나이가 너무 어려서 지점장으로서는 어렵겠다는 전화였다. 이해할 수 없었다. 열심히 관리자로서의 비전을 제시할 때는 언제고 이제 와서 지점장 자격이 될 것 같으니 나이가 어려서 안 된다는 본부장의 전화에 화가 났다.

지금까지 가족들과 함께 시간도 못 보내고 주말도 없이 열심히 일한 결과가 나이가 어려서 안 된다는 말로 돌아왔을 때, 평소에 화 한번 안내는 성격의 집사람이 옆에서 듣고 화를 냈을 정도였다. 그만큼 내가 어린 나이에 어느 누구도 하지 못한 일을 해낸 것인가?

사회는 아직도 경직되어 있었고 어린 사람의 성공을 인정하지 못하는 분위기였다. 그렇다고 물러설 내가 아니다. 정해진 규정에 나와 있는 결과를 만들어서 정당한 과정대로 주어진 자리를 요구했던 것이다.

나이가 어려서 안 된다고 포기하겠는가? 방법을 찾았다. 많은 사람들에게 조언을 구하고 할 수 있는 방법을 찾고 또 찾았다. 하지만 기득권의 벽은 높기만 했다. 쉽게 자리를 내어줄 사람들이 아니었다.

지금 생각해보면 참 아무것도 아닌 것을 당시의 윗분들 입장에서는 그럴 수도 있겠다는 생각이 된다. 강남에 점포 임대보증금 1~2억, 월세가 최소 2~3천만 원, 어린 지점장 한 명 발탁하는 것이 문제가 아니라 큰 비용을 투자할 만큼 내가 믿음직스럽지는 않았을 것이다.

그래도 좋은 기회에 프로젝트 매니저로 발탁이 되었고 강남역의 삼성타운에 위치한 지금의 본사 10층에서 지점장이 되기 위한 프로젝트를 시작하게 된다. 보험업계에 전혀 경험이 없는 대기업 5년 차 이상의 사람들을 리쿠르팅해서 교육하고 업계에 새로운 인력을 기반으로 한 새로운 채널을 만드는 프로젝트였다. 일명 J프로젝트라 불렸다.

그곳에서 나는 지점장으로서 필요한 체계적인 코칭도 받고 선발된 매니저들과 함께 드디어 강남 테헤란로에 지점장으로 활동하게 된다. 31살에 이뤄낸 결과이다.

06

연매출 550억 대리

2012년 1월 3일 대치동에서 지점장으로 일하고 있던 중 갑작스런 교통사고를 당한다. 매봉터널을 지나서 평상시처럼 출근하던 길에 우측에서 갑자기 나타난 차량이 내 자동차 오른쪽 뒷바퀴에 부딪히고 차가 인도 위로 올라가서 가로수를 들이받는 사고를 당한다. 속은 울렁거리고 정신은 오락가락하고 머리는 심하게 아팠다. 어깨와 다리, 팔, 무릎 등 순간 온몸에 통증이 밀려 왔다. 다행히 근처 대학병원으로 환자를 이송하고 내려오던 구급차가 나를 발견하고 병원으로 이송했다.

의식이 돌아오고 난 뒤, 병실에 누워서 정신을 차리고 천장을 쳐다보면서 내가 지금 왜 여기 있는지 무엇을 하고 살고 있는지 갑작스런 사고로 고민하게 됐다.

자아가 확실해야 한다

주변에서 잘한다고 칭찬하고 돈도 좀 벌게 되고 조금씩 생활이 좋아지면서 '왜 일을 하는지' 생각하고 사는 것이 아니라 관성에 의해서 반복된 생활을 하는 나를 발견하게 된다.

어떤 것을 성취함에 있어서 그 이유와 목적이 뚜렷하지 않으면 대부분의 경우 공허함을 느낄 수밖에 없다. 어느 순간 나에게 찾아온 교통사고는 6개월의 치료기간 동안 많은 고민을 하게 만들었다.

부모님의 빚을 갚기 위해 그냥 열심히 일했다. 가족들과 잘 살고 싶어서 그냥 내가 할 수 있는 일에 최선을 다할 뿐이었다. 어느 정도 괜찮게 살 수 있을 때가 되었을 시기에 찾아온 혼란은 내 삶의 방향을 바꾸게 했다.

자신이 확신을 갖고 나만의 인생을 사는 것과 누군가에게 보여지는 것을 의식하고 남의 인생처럼 시켜서 사는 것은 완전히 다르다. 시간이 지나면 지날수록 마음속에 남아있는 무엇인가 편치 않은 것이 계속 반복되어 혼란스럽게 한다.

지금까지는 나와 가족을 위해서 열심히 살았다면 이제부터는 주위에 도움이 되는 사람으로 살고 싶다는 생각이 갑자기 들기 시작했다. 특히 내가 경험한 이 어려운 과정 속에서 얻게 된 다양한 지혜와 지식을 나눌 수 있는 방법은 없을까를 생각하게 되었다. 그래서 시작한 것이 재능기부 강의였다.

그렇게 채울 수 없는 허전함을 강의를 통해서 나눔을 실천하고 내가 겪은 실수를 겪지 않도록 주위에 도움을 주는 일을 시작하게 된 것이다. 하지만 그것으로는 부족하다는 생각이 들었고 직접적인 사회 변화에 참여하고 싶다는 의식이 생길 무렵 당시 오디션 방식으로 국회의원 후보를 선발한다는 프로그램에 참여하게 되었다. 그것이 내가 본격적으로 정치에 관심을 갖고 지금까지 흔들리지 않는 소신으로 사회에 역할을 하기 위해 일하게 된 계기가 된다.

어느 순간 갑작스런 질문에 멍해질 때가 올 것이다. 그럴 때 자신에게 확실하게 답할 수 있는 명분, 자아의식이 정확히 자리 잡지 못하고 있다면 흔들릴 수밖에 없다. 내가 지금 이 일을 왜 하고 있는지? 앞으로 인생을 어떻게 살아갈 것인지? 그 물음에 확실한 답을 항상 준비해야 하는 이유이다.

정규직 임직원이 된 설계사

잠깐의 외도 끝에 이직한 곳이 현대자동차그룹이 녹십자생명을 인수해서 만든 현대라이프라는 회사이다. 처음에 지점장으로 입사를 했지만 대표가 바뀌고 몸담고 있던 사업부의 구조조정으로 본사에서 일하게 됐다. 나에게는 커다란 도전이었다.

많은 사람들이 필드에서 영업만 하던 사람이 딱딱한 본사에서 적응할 수 있겠냐고 걱정을 많이 했다. 내심 나도 자신 있었던 것은 아니었다. 하지만 닥치면 하는 거다. 주어진 일에 최선을 다하고 평가는 그 다음인 것이다.

강남본부에서 좋은 선배님과 동료들 덕분에 사무직으로서의 트레이닝을 조금 받았지만, 본사 근무하기에는 부족한 부분이 많았다. 그때 함께했던 후배 동료들의 도움을 참 많이 받았다. 지금도 그 고마움은 잊지 않고 살고 있다.

대부분 본사 업무는 본인 업무 외에 타 부서 업무에는 관심이 없는 편이다. 특히 실무자가 협조하지 않으면 팀장이나 실장이 부탁을 해도 진행이 늦어지는 것이 관례이다. 아무리 생각해도 본사 전체가 돌아가는 프로세스를 빨리 파악하고 관계가 개선되지 않으면 일 처리가 느려서 어떤 결과도 만들어내기 쉽지 않다는 생각을 했다. 그래서 시작한 것이 타 부서 직원들과 식사하기다.

무조건 약속을 잡는다. 그리고 점심식사에 그 부서에 있는 나와 비슷한 나이 또래의 실무자들과 식사를 한다. 그리고 그 부서의 업무에 대해서 이해하려고 노력했다. 결과는 빨랐다. 본사 전체 부서를 이해하는 것도 도움되었지만 내가 전화해서 부탁하면 도와주는 분들이 많아진 것이다. 임원들이 전화해도 처리가 안 되는 것들이 상대부서 입장에서 이해하고 처리 프로세스를 정확히 파악하고 있는 내가 전화하면 쉽게 해결되는 결과를 만들었다.

눈치 보지 마라

대부분 본사는 늦게 퇴근한다. 특히 소속 실장님의 퇴근이 늦으면 더욱 그렇다. 결국 일이 많아서 퇴근이 늦은 것도 있지만 사실상 윗분들 눈치 보느라 일이 늦어지는 경우가 더 많은 것이다. 중요한 순간 평가받을 때 자리 지킨 시간으로 결과를 판단한다면 모를까 사실 비효율적이다.

나는 특별한 일이 없으면 5시 30분에 퇴근했다. 근로계약서에 보면 2시간 초과 근무까지는 수당 발생이 안 돼서 보통 7시까지 근무하는 것으로 인식되어있지만 나는 그렇게 하지 않았다. 대신 5시 30분에 일선 지점이나 지역본부에 가서 동료직원들과 술자리나 식사를 했다. 본사에서 자리 지키며 눈치 보는 것보다 직접 현장에서 일하는 분들과 소통하고 그 분들께서 어떤 고충을 겪고 있는지를 정확히 파악하는 것이 더 중요하다고 생각했기 때문이다.

당연히 시간이 지날수록 업무는 편해졌다. 일선 현장에서 무엇인가를 취합하거나 자료를 요청할 때도 내가 부탁하는 것과 다른 직원들이 하는 것은 차이가 확연히 발생했다. 나는 늘 그들의 입장에서 생각했다. 내가 지점장이라면, 내가 설계사라면 어떨까?

그렇다. 우리는 대부분 자신의 입장만 이야기한다. 그리고 이해해달라고 강요한다. 하지만 모두가 그렇게 자신의 입장만 요구하면 일 처리가 되지 않는다. 언젠가 입장은 바뀌게 되어있다. 내가 지금 상대방을 이해하지 못하면 내가 그 자리에 갔을 때 똑같은 상황이 반복될 것이다.

나는 누군가의 눈치를 보기보다는 내 위치에서 잘할 수 있는 방법을 찾았다. 사람의 마음을 얻고 싶다면 그 사람의 입장이 되어서 그 마음을 이해하라. 절대로 쓸데없는 눈치 보지 말고 현명하게 행동하라.

안 되면 되게 하라

본사로 들어갔을 때 맡게 되었던 업무가 기존의 월 납입 방식의 보험료를 일시납으로 납입하고 납입 보험료를 할인받는 몇 가지 상품들을 주력으로 판매하도록 교육하고 실적 관리하는 부서였다.

지금까지 판매하던 방식이 아니어서 많은 설계사들로부터 반감이 많았다. 아무리 수수료를 더 준다고 해도 사람은 하던 방식을 고집하는 것이 대부분이다. 본격적으로 시작했을 당시 월매출이 생각보다 부진했다. 회사는 방법을 찾고 목표를 달성해야 하는 상황이었다. 윗분들께서 스트레스가 적지 않았으리라 생각된다.

어떻게 하면 실적이 더 오를 수 있을까? 시간이 될 때마다 고민하고 함께하는 분들과 의견을 나눴다. 결론은 발로 뛰는 방법밖에 없었다. 전국을 누비며 설계사들을 설득하기 위해 노력했다. 본사 상품강사 부장님과 부산, 대구, 광주, 대전을 돌아다니며 매월 교육을 진행했다.

조금씩 달라지는 실적이 눈으로 보였다. 회사는 더 높은 목표를 요구하기 시작했다. 30억대 목표에서 40억, 50억까지 목표가 상향조정되었다. 가능할 것 같지 않았던 결과들로 임원과 경영진은 놀라는 표정과 함께 내심 더 많은 실적을 해줬으면 하는 바람을 표현했다.

많은 사람들이 불가능하다고 포기하고 아예 손들어 버린 일이었다. 매월이 치열할 수밖에 없었다. 주위에서 대단하다고 말하지만 쉽지 않은 일이었다. 정확히 11개월 동안 550억의 매출을 달성했다.

사람의 생각을 바꾸게 하고 관성을 버리게 하고 행동을 변화시키는 일 만큼 어려운 것은 없다. 그렇게 되기 위해서는 확실한 동기부여가 제공되어야 한다. 대부분 그 동기부여를 경제적인 것에서 찾으려고 하지만 그보다 더 중요한 부분은 진심이다.

요즘은 돈보다 가치와 의미를 더 중요하게 생각하는 의식 있는 사람들이 많아졌다. 섣부른 말 한마디로 사람의 마음을 살 수 있는 시대가 아니다. 안될 것이라고 생각했던 일이 있다면 내 생각부터 바꿔라! 그리고 되게 하는 방법을 고민하라. 반드시 진심으로 다가서면 마음은 열리고 결과는 좋을 것이다.

07

5년의 대통령 선거

2012년 7월 7년여 기간 동안 잘 다니던 회사를 떠나고 무엇인가 의미 있고 가치 있는 일을 하고 싶었던 나에게 그해 있던 대통령 선거는 괜찮은 이벤트였다. 적어도 누가 진실 되게 국민을 위해서 일할 것 같은지 내 기준에서 판단하고 정했던 분을 찾아갔다.

대통령 선거에 함께 참여하고 소중한 한 표의 권리를 행사하는 것도 중요하지만 직접 도움을 드리고 싶은 마음에 무작정 찾아갔던 곳이 담쟁이 캠프였다. 그렇게 내 인생의 정치활동이 본격적으로 시작됐다.

세상을 바꾸려면 작은 일부터 시작하라!

학창시절 총학생회장으로 활동하면서 다양한 사회문제에 대해서 체계적인 지식과 정보를 어느 정도 정리하게 되었고 생각의 변화를 통해 적극적인 문제해결에 참여하기도 했다. 하지만 정치적인 활동으로 확대되거나 크게 특정인을 위한 선거운동의 경험도 없었던 것이 사실이다. 하지만 당시에는 무엇인가를 해야겠다는 강력한 생각이 나를 움직이게 했던 것 같다. 무작정 찾아가고 주변에 아는 분들을 수소문하고 대학 선배님의 소개로 캠프에 한 부분의 역할을 맡게 되었다.

아무런 경험도 없던 나를 흔쾌히 쉽지 않은 중요한 자리에 역할을 추천해주신 선배님도 고맙지만, 함께 일하면서 잦은 실수에도 화도 한 번 안 내고 잘 가르쳐주었던 동료 선배님들께도 감사했다.

동행1본부라는 곳에서 공공조직인 당내 국회의원, 광역의원, 기초의원님들의 선거활동을 지원하고 각 지역별 선거대책본부의 출범식과 각종 유세 활동의 지원은 물론 지역 유세차량 탑승자들의 표준 유세문까지 작성하게 되었다.

각종 회의에 참석하고 일일활동 보고서를 작성하고 브리핑룸에서 당시 후보님께서 중요한 인터뷰가 있을 때마다 참석해서 모니터링을 하며 밤낮없이 참 열심히 여의도로 하루 4시간을 왕복 출

퇴근을 했다.

처음부터 잘하는 사람은 없을 것이다. 하지만 누군가에게 그 처음의 기회를 주기 때문에 어떤 사람들은 성장하고 실력을 쌓을 수 있게 된다. 하지만 연습이 없는 실전에서 나 같은 초보와 같이 일한다는 것은 쉬운 일이 아니었을 것이다. 큰 역할을 하겠다는 욕심보다 작은 일부터 할 수 있는 범위 내에서 최선을 다하겠다는 생각으로 작은 것부터 시작했더니 어느새 중요한 역할도 주어졌다.

▎사람이 먼저다

따뜻한 마음은 자연스럽게 전달된다. 당시 후보님과 지나치면서 자주 만났다. 그 많은 일정과 체력적으로 힘든 상황에서도 항상 밝게 웃으며 인사를 건네주셨다. 말하지 않아도 진심은 묻어나는 법이다. 꼭 말로 표현해야 하는 상황도 있겠지만, 평소 행동만으로도 그 사람의 모든 것은 표현될 수 있다.

그런 따뜻한 분과 함께 일하고 있다는 것만으로도 우리나라에 좋은 영향력을 끼치고 있는 것처럼 느껴졌다. 어느 순간도 놓치지 않는 것이 사람이다. 일이야 언제든 다시 하면 되는 것이고 잘못되면 부족한 부분을 보완해서 바르게 잡으면 되지만 사람은 그렇지 않다.

처음 한 번 기억된 인상은 평생을 간다. 누군가에게 함께할 수 있는 많은 시간을 허락하지 않는 이상 아니 시간이 주어진다 해도 처음 받았던 안 좋은 인상을 바꾸기 쉽지 않은 것이 그렇다. 그래서 평소에 마음가짐이 중요하다.

내가 상대를 또는 만나고 있는 지금 앞에 있는 사람을 대하는 태도가 결국 나의 첫인상을 결정하고 그것이 평생 갈 확률이 높기 때문이다.

항상 누군가를 대하는 태도에서 그 사람의 모든 인품과 성격이 판단된다는 것을 명심하자. 매순간 만나는 사람들에게 진심을 다해야 한다. 아무리 겉으로만 좋은 척해도 내 자신이 나쁜 사람이면 언젠가는 표시가 나기 마련이다. 항상 밝게 웃어주시던 그분께서 사람이 먼저라는 생각을 가슴 깊이 진심으로 생각하는 것처럼 나도 누군가를 만날 때 그렇게 대했던 것 같다. 참 안타까웠다. 그렇게 따뜻하고 진심을 다해서 나라를 위해 일하실 분이 2012년 12월 19일 낙선하고 마셨다.

최선을 다해도 안 되는 것이 있고 아무리 노력해도 쉽지 않은 일은 있을 것이다. 하지만 그 사실을 받아들이기 쉽지 않았다. 김정숙 여사의 문자가 마음을 더 아프게 했다. 나는 그렇게 한순간도 그분을 잊지 않고 생활을 위해 다시 현업으로 복귀하게 되었다.

내가 좋아서 한 일이다

2016년 드디어 때가 온 것이다. 3년 이상 다니던 안정된 직장을 뒤로하고 국회의원 선거에 예비후보로 등록하게 된다.

참 많은 고민이 있었다. 고연봉에 정규직 정년이 어느 정도 보장되는 노동조합이 있는 현대자동차그룹의 금융사는 누구나 가고 싶어 하는 꿈의 직장이다. 그것도 CEO 표창에 고가평가를 최고 좋게 받고 있는 상황에서 퇴사를 하고 출마를 한다는 것은 쉬운 일이 아니다.

하지만 2012년 못다 이룬 것을 이번만큼은 반드시 이루고 싶었다. 경쟁하는 정당에서 20~30대 국회의원 예비후보가 30명이 넘는 상황에서 우리당의 청년 후보는 고작 5명도 안 되는 상황이었다. 중앙당에서 일부 청년들이 의기투합해서 함께 도전해보는 것은 어떻겠냐는 의견이 나왔고 우리는 함께 움직이기로 결정했다.

오늘까지 직장 다니던 사람, 어제까지 학교 다니던 사람, 취업 준비 중인 사람, 이직을 준비하고 있는 사람들이 경쟁력이 있으면 얼마나 있겠는가! 하지만 우리의 도전은 의미가 있었다.

젊은 정당 청년 정당을 표방하면서 사실 국회의원 평균 나이가 19대 국회보다 높아진 20대 국회의 모습을 보면 우리나라 정치가 가야 할 길이 멀다는 것을 알 수 있다. 이런 현실에서 무모하다 싶을 만큼 열정 하나로 도전했던 청년들이 있었다.

언제나 부르면 달려가서 내 것보다 당을 위해 헌신했던 10여 명의 청년들이 국회 정론관에 모여 출마 기자회견을 하고 20대 국회의원 예비후보로 등록하게 된다. 오로지 우리가 좋아서 했던 일이다. 누가 시켜서 한 것은 아니지만 최소한 나만을 위한 도전 은 아니었다는 것을 기억해줬으면 좋겠다.

▌언제나 준비된 사람이 되라

국정농단이 알려지고 국민들은 참을 수 없었다. 수많은 사람들 이 광장으로 뛰어나왔고 한목소리로 민주주의를 외치며 올바른 대한민국으로 바로 잡으려 했다. 추운 겨울 광화문을 시작으로 전국으로 확대된 집회는 역사에 남을 만한 기록이 되었다.

2004년 4월 어느 날 광화문 집회가 불법집회로 규정되고 명동 성당으로 장소를 옮겨서 故 노무현 대통령 탄핵반대 집회를 이어 갈 때 첫 번째 마이크를 잡고 연설을 했던 기억이 난다. 그때만큼 이나 절실한 국민들의 외침이었다.

국회 탄핵 의결과 헌법재판소의 탄핵 인용과 함께 조기대선은 시작되었다. 갑작스런 대선으로 후보뿐만 아니라 캠프에서도 바 빠지기 시작한 것이다. 좋은 사람들이 모여서 좋은 후보를 대통령 당선을 위해 열심히 일하는 곳이 대선캠프이다.

대부분의 사람들은 자신이 지지하는 후보를 돕고자 캠프에서 일하지만, 어느 곳에서 일하느냐에 따라서 확실히 다르다. 선거의 전략과 기획 단계부터 실무에서 일선 현장의 행사까지 각자 맡은 역할에 따라서 알고 있는 내용이나 할 수 있는 일이 다르기 때문이다.

2012년은 사무실에서 회의 위주로 일했다면 2016년은 조금 더 적극적인 역할을 하고 싶었다. 그래서 맡게 된 업무가 국민 참여 플랫폼이었다.

국민들에게 의견을 묻고 취합된 의견을 공약으로 만들어내는 과정이 우리가 했던 역할이다. 아침 6시에 출근해서 밤사이 들어온 다양한 의견들을 읽으면서 참 많은 것을 느끼고 배웠다. 중요한 내용은 정리해서 후보님께 전달되었고 바로 공약으로 만들어진 것들이 미세먼지 대책, 불임센터, 동물보호 등의 정책이었다.

사실 의견을 보낸다고 바로 정책으로 반영해서 공약으로 만든다는 것이 쉬운 일이 아니다. 현행법상의 문제, 추진되고 있는 현황, 다른 이해관계에 따라서 가능성 여부와 실리를 잘 판단해야 하기 때문이다. 그런데 확실히 준비된 후보는 달랐다. 거침없이 결정하고 꼼꼼히 검토해서 판단하고 바로 SNS에 공약으로 직접 발표하셨다. 그냥 당선되신 것이 아니다.

　많은 분들께서 그렇게 고생해서 선거운동했는데 좋은 자리로 안 가냐고 묻는 분들이 있다. 우선 첫 번째는 역량이 부족하다. 두 번째는 진정 우리나라가 공정하고 정의로운 사회로 바뀌었으면 한다. 캠프에서 조금 일했다고 국가 요직에 가는 것은 유능한 분들이 가서도 충분하다. 내가 할 수 있는 역할은 거기까지다.

　지금까지 조금 친하다고 누가 추천해서 그렇게 자리 하나씩 누리고 살았기에 나라가 이렇게까지 된 것이 아닌지 생각해 볼 필요가 있다. 직접 출마를 해서 사회와 시스템을 바꾸기 위한 정치 활동도 좋겠지만 사실 더 중요한 것은 내게 주어진 소중한 한 표를 올바르게 행사하는 것이다.

　독립운동을 다룬 많은 영화에서 비슷한 대사가 나온다. 나 하나 노력한다고 광복이 되겠냐고 하지만 독립운동을 했던 우리 조상들은 한결같이 나 하나라도 이렇게 하다 보면 반드시 세상은 바뀔 것이라고 말한다. 마찬가지이다. 촛불을 들고 광화문에 나왔던 그 한 명 한 명이 모여서 만들어낸 정부이다.

　국민이 무서운 줄 알고 제대로 일하게 하려면 우리의 소중한 권리인 투표는 반드시 행사해야 하는 것이다. 진정 이 사회가 변화되어 우리 아이들이 어른이 되었을 때는 누구나 열심히 노력하면 흘린 땀만큼 정당한 결과를 얻을 수 있는 나라가 되길 바

란다. 기회가 공정하게 주어지고 부모의 신분과 상관없이 최선을
다하면 성공할 수 있는 그런 나라가 되었으면 좋겠다.

4강

결과로 말하라!

01

조회수 없는 1인 방송

지금은 1인 방송의 시대이다. 누구나 스마트폰 하나만 있으면 언제 어디서나 자신의 상황을 라이브로 전할 수 있는 방송의 시대인 것이다. 전문직으로 생각하고 아무나 쉽게 할 수 없을 것 같은 방송도 스마트폰의 개발과 관련 프로그램의 발전으로 인해 누구나 쉽게 할 수 있는 것이 되었다.

영상을 만든다는 것은 제작하고 끝나는 것이 아니라 지속적으로 재생되고 남겨져서 자료가 된다. 서류나 사진보다 소비하기 편하고 쉽게 접근해서 휘발성 가십거리로 찾는 사람들이 늘어나고 있다.

인기캐릭터 뽀로로보다 인기 있는 BJ가 생겨났고, 다양한 영역에서 1인 방송을 활용한 산업도 만들어지고 있다. 하지만 너무 자극적이거나 상업적인 요소가 많은 영상들만 넘쳐나고 있다는 생각에 시작하게 된 것이 〈이상훈의 정보방송 SFTV〉이다.

어필시대 1인 방송을 활용하라

어느 날 국회에 행사가 있어서 신분증을 가지고 국회의원회관에 출입증을 받고 들어갔다. 행사장인 2층 대회의실에는 상당히 많은 사람들로 붐볐고 적당한 자리가 있는지 찾고 있었다. 그런데 갑자기 어떤 여성분이 "안녕하세요! 이상훈 소장님 아니세요!"

깜짝 놀랐다. 누군지 잘 모르겠으나 낯이 익은 분이었다. 바로 페이스북 친구였다. "방송 잘 보고 있어요." 생각하지 않은 만남에 살짝 부끄럽기도 했지만 방송 잘 보고 있다는 생각지 않은 말에 기분이 좋았다.

SNS가 가지고 있는 문제점도 많다. 하지만 어떤 새로운 것이 처음 나왔을 때 부정적인 요소가 함께 혼용되는 것은 자연스러운 현상이다. 노래방이 처음 확산되기 시작했을 때 학생들의 비행의 장소로 문제가 되기도 했다. 인터넷이 활성화될 무렵에도 당연히 문제가 많았다. 지금 스마트폰의 보급으로 생겨난 많은 문제점들도 조금씩 해결될 것이다.

부정적인 요소도 있지만, SNS를 통해서 할 수 있는 다양한 활동들이 우리의 생활을 바꾸고 있는 것은 사실이다. 아주 유명한 사람들만이 누릴 수 있었던 일들이 일반 평범한 사람들에게도 일어나고 있다. 일명 SNS 스타라 말하는 사람들의 경우에는 유명 연예인 못지않게 인기를 누리기도 한다.

처음 노래방에 가서 어색하게 마이크를 잡던 사람들이 시간이 흘러 다양한 방법으로 잡고 노래하듯이 스마트폰이 개발되기 전 사진 찍는 것이 어색했던 시기에 비하면 요즘은 사진을 잘 찍는 사람들이 너무 많다. 그렇게 사진도 대중화되었고 방송 또한 그런 시기가 도래한 것이다.

대부분 자신이 즐겨 부르는 노래 한두 곡은 자신 있게 부를 수 있다. 벌써 많은 사람들이 쉽게 접할 수 있는 스마트폰의 라이브 기능으로 혹은 녹화를 통한 동영상의 형태로 자신을 자연스럽게 알릴 수 있는 상황이 되었다.

과연 나는 이런 상황에서 나만이 할 수 있는 콘텐츠가 무엇이 있는지 고민할 필요가 있다고 생각한다. 시간이 지나면 누구나 방송을 하고 자신을 어필하는 시대가 올 것이기 때문이다.

자신에게 투자하라

처음 방송 촬영은 홍대 근처 한 카페에서 시작됐다. 어찌나 어색했던지 아직도 기억이 선명하다. 앞에 있는 노트북의 대본을 쳐다보느라 시선은 카메라를 주시하지 못했고 계속 아래쪽을 내려다보며 촬영은 마무리되었다.

지금도 그 영상을 보면 온몸이 오글거린다. 시작은 모두 그렇다. 처음부터 잘하는 경우는 극히 드물다. SFTV 방송 촬영이 몇 회 진행되면서 점점 조금씩 좋아지기는 했지만, 확실히 방송을 전문적으로 하는 분들과 비교하면 너무나 부족한 나를 느낄 수 있었다.

안 되겠다는 생각이 들어 고민 끝에 전문가에게 교육을 받아야겠다는 생각을 하고 이곳저곳을 찾아보았다. 그렇게 해서 인연이 된 곳이 샤인스피치 교육연구소이다.

처음 전문적인 방송스피치를 배우겠다는 생각으로 찾아가긴 했지만 스피치교수법과 함께 트레이닝 하는 과정이 쉽지는 않았다. 하지만 확실히 전문가에게 교육을 받는 것이 왜 필요한지 다시금 느끼게 하는 순간이었다. 방송이 조금씩 달라졌고 발음도 정확해지기 시작했다. 완벽할 순 없어도 기존에 촬영했던 것보다 좋아지기 시작한 것이다.

우리는 어떤 일을 배우거나 새롭게 시작할 때 최대한 저렴하게 스스로 알아서 해결해보려고 한다. 하지만 전문가의 도움을 받는다는 것은 시간을 줄일 수 있는 일이다. 충분한 비용을 지불하고 자신의 역량을 키울 수 있다면 과감히 투자하는 것이 필요하다. 급변하는 시대에 빠른 능력 개발이 안 되면 트렌드의 속도를 따라갈 수 없다.

참고로 함께 교육을 받던 양송희 사회복지사의 경우 본인의 오랜 꿈이었던 아나운서가 되어서 현재 활발한 활동을 하고 있는 중이다. 우리는 무엇인가 새로운 일을 시작할 때 대부분 인터넷 검색에 의존하거나 적은 비용으로 쉽게 어떤 것을 습득하려는 성향이 있다. 돈이 없는 학생들의 경우에는 당연한 현상이다.

하지만 지불하는 돈에 비해 더 많은 것을 얻을 수 있도록 생각을 바꾸면 생각지 않은 기회로 돌아올 수 있다. 모르는 분야를 새롭게 도전할 때에는 자신에게 투자하는 것에 아까워하지 말고 전문가의 도움을 받는 것이 빠르다. 책 한 권이라도 정독하고 저자와 만나서 도움을 요청하면 그보다 빠르게 성장할 수 있는 방법은 없는 것 같다.

시간은 돈으로 살 수 없다

벌써 1인 방송을 시작한 지 2년이 다 되어 간다. 그 과정에서 겪게 된 다양한 경험들은 결코 돈으로 살 수 없는 것들이다. 모든 일이 그렇겠지만 결국 시간이 필요하다.

다양한 분야와 영역에 대해 다루면서 많은 것을 알게 되었다. 단순히 지식을 넓혀가는 수준이 아니라 어떤 콘텐츠에 사람들이 반응하는지 어떤 내용으로 구성해야 관심을 갖는지 알게 되는 시간이었다.

처음 영상을 제작하고 SNS에 게시했을 때 조회수가 거의 없었다. 지금도 유튜브의 경우는 특별한 활동을 하지 않는 관계로 큰 조회수를 기록하고 있지는 않지만, 페이스북의 경우에는 많은 것은 2만 이상 시청되는 것도 있다. 결국 시간이 필요하다.

꾸준히 하루를 열심히 살아가며 노력하고 있다면 반드시 시간이 지난 후에 결과는 돌아오기 마련이다. 대부분 많은 사람들이 중간에 포기하기 때문에 얻을 수 없는 결과이기 때문에 최대한 많은 사람들이 포기하는 어려운 일에 도전하면 확률은 더욱 높아지기 마련이다.

큰 욕심을 내지 않고 묵묵히 조금씩이라도 앞으로 나아가고 있다면 절대 포기하지 않았으면 한다. 어느 날 방송을 본 사람들이 자신의 영상도 제작해주면 안 되겠냐고 제작의뢰가 들어오기 시작했고 전혀 생각지 않았던 수입이 발생하기 시작한 것이다.

방송 초기 조회수에 연연하거나 포기했다면 없었을 일들이다. 당장의 결과에 욕심내기보다는 장기적인 시각으로 지금의 시간들을 미래에 투자할 수 있어야 그 이상의 결실을 맺을 수 있다.

02

가짜 명강사

각종 자격증이 넘쳐나는 시대이다. 자격증이 없으면 불안한 것은 사실이지만 자격증이 있다고 해서 해당 분야에 전문가가 맞는지는 의심해 볼 필요가 있다. 돈 주면 살 수 있는 자격증이 너무 많다. 모든 것들이 돈으로 해결되는 자본주의에서 당연한 현상일수 있다. 하지만 실력을 돈으로 살 수는 없다.

많은 사람들이 이것을 이용해서 장사를 하는 안타까운 일들이 많다. 심지어 강사도 돈으로 살 수 있는 것처럼 하루 이틀 수업 듣고 명강사 자격증을 주는 시대이다. 그만큼 진짜를 찾기가 힘들다. 그런 사람들은 서로가 자신의 영역에서 무대 위에 세워주고 먼저 자격증을 취득한 후 실력을 배양하는 시스템으로 움직이고 있다.

아무리 실력이 좋아도 무대 위에 세워주지 않으면 알릴 기회가 없다. 이것이 기회를 공정하게 제공하지 않는 현실로 많은 사람들에게 돈 주고 자격증을 사게 만드는 이유이다.

자격과 실력

　요즘은 무료로 재능기부하고 싶다고 찾아가도 자격증을 요구한다. 자격증이 없으면 지난 시간 현업에서 열심히 배운 실력을 나누기도 어려운 상황이다. 어느 정도 객관적인 자료가 필요한 것은 맞지만, 너무 자격증 하나로 모든 것을 평가하려는 관행도 문제다.

　실제로 유능한 많은 사람들이 자격증은 없지만 당장 사용 가능한 실질적인 능력을 갖고 있는 경우가 많다. 나 또한 처음 강사 일을 시작할 때에는 현업에서 탁월한 성과를 냈다는 이유로 강단에 서게 됐었다. 그렇기 때문에 어떤 자격증도 없었다. 하지만 현업에서 퇴직하고 전문 강사로 활동하기 시작하면서 현실의 벽에 부딪히기 시작했다. 자격증이 없으면 안 된다는 사실을 깨달았기 때문이다.

　스노우보드 경력 20년, 영업 11년, 금융업계 10년, 취업진로강사 10년, 정계입문 7년 이 기간 동안 현장에서 배우고 느끼고 경험했던 다양한 일들과 스토리는 돈 주고 배울 수 없는 것들이다. 하지만 자격증 한 장과 비교했을 때 경쟁력이 떨어지는 경우가 더 많다. 이것이 현실이다. 그래서 경험도 중요하지만 어느 정도 공신력을 인정받을 수 있는 자격증이 필요한 것이 사실이다.

　참 많은 사람들 앞에서 열정을 다해서 강의했고 함께 공감하며 나도 배우는 시간을 보냈다. 내가 어렵게 일어선 만큼 나누려고 했고 부족한 것들은 수많은 전문가들을 찾아다니며 배웠다. 누구나 그럴 것이다. 왜? 기회를 주지 않느냐고 하지만 두 가지 모두 챙기지 않으면 기회는 오지 않는다. 그것이 실력과 자격이다.

자격은 있어도 실력이 없으면 다시 부르지 않는다. 실력은 있어도 자격이 없으면 무대에 세워주지 않는다. 반드시 두 가지를 모두 준비해야 한다.

┃ 진짜 명강사는 무엇일까?

어떤 강사님은 참 재미있다. 하지만 내용이 없다. 단순히 레크리에이션을 원한다면 그것이 맞을 수 있다. 하지만 너무 내용이 없는 강의는 개그 프로그램보다 못할 수 있다.

다른 어떤 교수님은 그 분야에 최고의 전문가이다. 하지만 강의가 시작되고 5분이면 졸리다. 너무 듣고 싶은 내용이고 평소에 수업을 듣는 훈련이 된 사람들이라면 모를까 대부분은 그 좋은 내용을 듣기도 전에 잠들고 말 것이다. 진짜 명강사가 무엇일까? 늘 고민한다.

평균 수명 연장으로 평생교육시대에 살면서 죽기 전까지 교육받아야 하는 상황에서 어떤 강사가 진짜 명강사일까? 좋은 내용을 효과적으로 즐겁게 전달할 수 있는 사람이라면 명강사라고 말할 수 있지 않을까 생각한다.

우리는 2002년 월드컵 이후에 어지간한 볼거리에는 흥미를 갖기 힘들다. 그것이 갖는 의미가 단순히 극적인 즐거움과 이벤트로서의 관점이 아니라 일상의 작은 것들에서 느끼는 감정의 문제인 것이다.

어찌 보면 하루 살아가는 것이 기적이고 행복일 수 있다. 내 앞에 있는 사람과 만난 것이 행운일 수 있다. 그런데 지금 책을 읽고 있는 이 순간 우리가 행복할 수 없다면 어떤 더 큰 자극적인 이벤트가 나타나도 만족시키기는 어려울 것이다. 우리는 모르는 내용을 처음 접할 때 얻는 통찰력보다 알고 있는 내용의 일부를 다시 생각하게 할 때 얻어지는 자극이 더 크다는 것을 알고 있다.

아주 어려운 내용을 전문지식 용어 써가면서 가르치는 사람보다 누구나 일상에서 일어날 수 있는 일들을 아주 쉬운 단어로 위트있게 설명하는 사람을 전문가라고 부르는 이유이다.

┃ 내 인생에 충실한 우리 모두가 명강사

어떤 훌륭한 강사님께서 이런 말씀을 하셨다.

"지식으로 강의를 하려면 한계가 있지만 인생으로 강의를 하면 오랜 시간 사랑받고 강의할 수 있다."

아는 것을 자랑하는 사람은 더 많이 아는 사람이 나타났을 때 존재감이 없어진다. 항상 가지고 있는 것에 겸손해야 한다는 것을 깨우쳐주는 말이다.

한 사람의 인생은 어떤 의미에서도 존경받아 마땅하다. 단 하루를 살아도 의미 없는 날이 있겠는가! 살아온 경험에서 묻어나는 일상의 교훈들을 공감하는 것만큼 훌륭한 강의는 없다. 아는 것을 자랑 말고 인생에서 느낀 것을 나누면 언제나 자신 있게 강단에 설 수 있다.

우리가 TV에서 명강사들의 강연에서 볼 수 있는 좋은 내용들은 우리 일상에서 수없이 일어나는 흔한 일상의 일들이다. 세상에 전혀 모르거나 완전히 새로운 것을 알아내고 강의하는 사람은 얼마 되지 않는다. 단지 내가 아는 것들을 삶 속에서 느끼고 경험한 것을 나누고 공감하는 사람이 명강사인 것이다.

처음 강단에 들어서서 강연을 할 수 있는 기회가 주어졌던 날이 기억난다. 단 50분 강의를 누군가를 대신해서 진행하는 날이었다. 강의 자료를 40여 장을 준비하면서 대략 한 장당 1분 정도 발표하고 앞뒤로 자기소개와 질문받고 답변하면 충분한 시간일 것이라고 판단했다. 하지만 나는 그날 지옥을 맛봤다. 준비했던 40장의 강의 자료를 단 10분 만에 읽어 내려갔고 마지막 '감사합니다.'가 나오는 순간 40분의 시간이 남아있다는 것을 알았던 그 순간! 어렸을 때 즐겨 하던 놀이처럼 얼음이 되었다. 그 순간을 모면하고 싶었다. 진짜 어디 구멍이라도 있으면 들어가고 싶었다.

첫 강의 경험으로, 결코 기억하고 싶지 않은 순간이기도 하지만 시간이 지나서 지금 생각해보면 내가 할 수 있는 최선을 다했던 순간이기도 하다. 나머지 40분은 지금까지 내가 경험했던 다양한 실전에서의 느낌들을 공유했고 시간이 남아서 마지막에는 내가 즐겨 부르는 노래까지 하면서 앞에 있는 교육생들을 위해 최선을 다했다.

가끔 강연장에서 머리가 하얗게 되는 경우가 있었다. 그것은 내가 잘 알지 못하는 부분을 잘 아는 것처럼 가짜로 이야기하고 있을 때였다. 진심을 다하고 인생을 강의하면 그럴 일이 없었다. 단순히 자격증만 취득한다고 명강사가 되는 것이 아니라 내 인생에 충실할 수 있는 누구나 솔직하게 삶을 이야기할 때 진짜 명강사가 된다.

03

돈 없는 재테크 전문가

금융회사에 10년 이상 근무한 내가 돈이 없다. 어려운 집안 형편으로 열심히 벌은 만큼 갚아야 했고 내가 구경도 못한 돈을 해결해야 했기 때문이다. 인생살이가 대부분 아무것도 없이 시작한다고 하지만 나는 물려받은 빚을 해결해야 하는, 시작이 마이너스인 삶이었다.

정말 최선을 다했다고 자부할 만큼 열심히 살았다. 매순간 진실 되게 내가 할 수 있는 역할에서 성심성의를 다했다. 돈도 참많이 벌어봤고 주변에 참 많은 사람들에게 베풀어도 봤다.

빚이 있어서 동기부여가 된 만큼 빚이 사라졌을 때의 심리상태는 말할 수 없는 여유가 생긴다. 세상을 다 얻은 것 같은 기분이다. 베풀고 싶고 나누고 싶고 여유 있게 쓰고 싶은 마음이 든다. 당연히 기존에 잘 알고 있던 상식적인 사람의 소비관에서 멀어지게 된다. 지금까지의 고생을 보상받고 싶은 기분이다. 결국 잘 지켜왔던 관리가 무너지게 되었고 다시 시작해야 하는 순간이 왔다.

혼자 결정하지만 혼자서는 힘들다

돈은 있다가도 없고 없다가도 있다. 하지만 경제적 상황에 따라서 사람들의 심리에 많은 변화가 온다. 그래서 대부분의 사람들이 여유 없게 사는 이유이기도 하다. 없을 때 힘들었던 기억을 잊지 못하면 여유 있을 때 대부분 관리가 안 된다. 없다가 생기면 무엇인가 보상받고 싶은 마음이 크기 때문에 돈이 모이기도 전에 소비를 한다. 결국 반복되는 지출습관으로 부자와는 거리가 멀어진다.

중·고등학생들의 캠프에서 진행하는 경제 수업을 포함해서 재테크 관련 강의를 학생부터 대기업 연구원까지 다양한 사람들에게 전문적으로 강의하고 있다. 강의를 들은 사람들 대부분 비슷한 불안감으로 유사한 질문을 한다. 하지만 답은 누구보다 본인 스스로가 더 잘 알고 있다. 내가 현재 어떻게 해야 하는지는 결국 스스로 결정한다. 그 선택이 현명해야 앞으로 재무상태가 좋아지는 것은 당연하다. 하지만 그것이 잘 관리되지 않기 때문에 전문가가 필요한 것이고 옆에서 정기적으로 점검해줄 수 있는 사람이 있어야 한다. 더 큰 것을 갖고 싶다면 우선 당장의 소유욕을 내려놓고 지금 가지고 있는 작은 것들에 감사함을 느끼고 규칙적인 생활을 해야 한다.

미국에는 낭비벽 치료 센터라는 곳이 있다. 그곳에서 진행하는 프로그램의 특징은 경제적 활동을 가르치는 것이 아니라 규칙적인 생활과 습관을 교육하는 것이다. 대부분 돈을 모으지 못하는 사람들의 특징이 지금 당장 소비에 집중하고 충동적인 구매를 하기 때문이다. 결국 모든 소비습관의 시작이 규칙적인 생활과 연결되어 있다는 것이다.

정해진 시간에 일어나고, 정해진 시간에 식사를 하고, 정해진 시간에 책을 읽는 것이다. 그렇지 못한 사람이 혼자 하기에는 결코 쉬운 일이 아니다. 그래서 현명한 소비습관을 형성하는 것에는 누군가의 도움이 필요하다.

잘 만들어진 관리 프로그램과 투자처가 있다 하더라도 혼자 실행하기 쉽지 않은 이유다. 반드시 조력자의 도움을 받거나 전문가로부터 정기적인 점검과 상담이 필요하다. 내가 가는 방향이 맞는지 체크하지 않으면 어느 순간 엉뚱한 곳을 향해가고 있는 자신을 파악하지 못하기 때문이다. 재테크, 혼자서는 어렵다.

돈 모으는 방법

돈을 더 많이 모으는 방법은 두 가지이다. 첫 번째는 많이 벌어서 여유 있게 저축하는 것이다. 하지만 현재의 소득구조에서 수

입을 당장 늘리는 것이 쉬운 일은 아니다. 두 번째는 버는 것이 정해져 있다면 소비를 줄이고 저축 여력을 높이는 것이다. 대부분 후자에 해당하는 경우가 많다. 아무리 많이 벌어도 씀씀이가 통제되지 않으면 결코 돈을 모을 수 없다. 그런데 정기적으로 자신의 재무 상태를 체크하지 않거나 관리하는 것이 쉽지 않기 때문에 잘되지는 않는다. 대부분 월급날 혹은 수금 날 카드대금으로 모두 없어지고 통장 잔고가 거의 없어지는 이유이기도 하다.

가상화폐처럼 실제로 눈에 보이지 않는 돈이 통장에 숫자만 찍혔다가 사라지는 것이다. 그렇다면 어떻게 해야 돈을 더 많이 모을 수 있을까? 우선 우리의 소비패턴을 확인해봐야 한다.

대부분 돈이 생기면 남자는 자동차, 여자는 핸드백을 사고 싶어 한다. 이것은 지극히 본능적이다. 돈이 생긴 이들은 주변의 만류에도 불구하고 사게 되어있다. 이것이 사람의 심리다.

처음에 싸게 구매하기 위해 노력한 자신을 합리화하고 다른 조건보다 저렴하게 구매한 자신의 현명한 소비에 감동한다. 하지만 시간이 지나고 새로운 물건이 등장하기 시작하면 구매의 만족도는 떨어지게 되어있고 새로운 물건 구매를 위한 또 다른 이유를 만들기 시작한다.

이런 현상이 반복되다 보면 어느 순간 모아놓은 돈이 없다는 사실을 대부분 돈이 급하게 필요한 상황에서 깨닫게 되지만 그때는 이미 늦은 때이다. 결국 빚을 내기 시작하고 빚으로 인해 발생하는 이자를 해결하기 위해 이중으로 비용이 지출된다.

내가 돈이 없는 이유는 적게 벌어서가 아니다. 번 돈보다 많이 쓰고 있기 때문이다.

내 몸의 가치는 얼마인가?

소득을 늘리기 위한 노력을 포기해서는 안 된다. 항상 자기계 발을 통해서 자신의 가치를 높이고 더 많은 소득구조를 만들기 위해 고민하고 공부해야 한다. 보도 섀퍼(Bodo Schafer)의『돈』이라는 책에 나와 있듯이 한 사람의 노동으로 벌 수 있는 돈은 제한적이다. 결국 돈 버는 시스템을 만들지 않으면 큰돈을 벌기는 어렵다.

대부분 많은 사람들이 현실에 충실하게 살다 보면 자기계발에 게을러지기 마련이다. 예전처럼 안정된 직업이나 직장이 있을 때는 상관없었다. 치열한 경쟁도 없었고 한 번 직장을 구하면 퇴직까지 큰 이변이 없는 한 먹고사는 데 지장이 없었다. 하지만 지금은 상황이 많이 달라졌다. 워낙 취업하기도 힘들지만, 취업 이후에도 치열한 경쟁을 통해서 평가받고 급여가 달라진다. 어느 위치에 있든지 자유로울 수 없는 상황이다.

소득은 단순히 노동시간 곱하기 시간당 수당의 개념이 아니다. 일한 시간만큼 벌던 시대가 끝나고 하는 일에 따라서 같은 시간 노동에도 소득이 크게 차이 나는 상황이다.

〈무한도전〉의 유재석과 하하가 같은 시간을 프로그램 제작에 참여해도 다른 돈을 받는 것처럼 투자한 시간과 상관없이 능력에 따라 수입이 결정되는 상황에서 나의 가치를 어떻게 높일 것인지 고민해야 한다. 반드시 하루 일과에 자신의 가치를 높이기 위한 시간을 계획에 넣어야 하는 이유다.

한 직장에 같이 입사한 동기 2명이 10년이 지난 시점에 경제적으로 차이가 발생하는 것은 단순히 재테크를 잘해서라기보다는 자신의 가치를 회사가 얼마만큼 인정하고 있는지에 따라서 달라지기 때문이다. 위에서 말한 〈무한도전〉의 경우처럼 회사가 아니어도 마찬가지다. 내 몸의 가치를 높이는 것에 투자하라.

스마트컨슈머

소유한 것에 감사할 줄 알아야 물건에 집착하지 않는다. 물건을 많이 소유하고 있어야 부자가 아니다. 내가 소유한 것에 만족하지 못하면 절대 부자가 될 수 없다. 물건이 많아서 행복한 것이 아니라 작은 것에 감사하기에 행복하게 되는 것이다.

많은 사람들이 새로운 물건을 구매할 때 진짜 필요해서 사는 것인지? 갖고 싶어서 사는 것인지? 구분하지 못한다. 결국 남들이 다 소유하고 있기 때문에 구매하는 경우가 더 많다. 그러다 보니 처음 구매할 때의 마음과 소유한 이후에 마음의 차이가 크다. 내가 지불한 돈의 크기보다 만족도가 떨어지면 그 물건은 사용하지 않거나 보기 싫어지는 것이 사람 마음이다. 한 번 돈 주고 산 물건은 바로 중고가 되기 때문에 우리가 물건을 구매할 때 신중해야 한다.

돈으로 물건을 살 수는 있지만 물건을 돈 받고 다시 팔 때는 처음 구매 당시의 가격과 상당한 차이가 있음을 명심하라. 그래야 내가 진짜 필요해서 사는 물건인지? 아니면 그냥 소유하고 싶어서 사는 물건인지가 구분되고 현명한 소비가 이루어진다.

우리는 엄청난 속도로 발전하는 IT산업의 도움으로 더욱더 현명한 소비가 가능해지는 시대에 살고 있다. O2O라는 서비스처럼 온라인과 오프라인을 연결해주는 사업이 각광받는 이유는 실제 오프라인 매장에서 눈으로 확인하기 이전에 충분히 온라인의 정보를 통해 사전 구매에 필요한 다양한 선택요소를 체크할 수 있기 때문이다.

서비스나 물건의 가치보다 유동성 확보를 위한 금융 및 현금자산의 충분한 준비 없이 이루어지는 충동구매가 재테크의 가장 큰 적이다.

앞으로 수많은 기회가 생길 것이다. 누군가는 로봇세를 통한 기본소득에 의존해서 최저수준의 삶을 살기도 하고 누군가는 아주 적은 시간의 노동으로도 많은 부를 축적할 수 있는 기회가 주어질 것이다.

미래를 확신할 수 없는 4차산업 혁명의 과도기에 현금 유동성 확보를 위한 현명한 소비만이 진짜 부자를 만들어줄 첫걸음이 될 것이다. 부자가 되고 싶다면 지금 소유하고 있는 모든 것들에 감사하고 현명한 소비자가 되라.

04

좋은 아빠 나쁜 남편

우리나라 근로환경과 사회구조상의 핑계로 많은 아빠들이 가족들과 함께할 시간이 부족하다. 어떻게 보면 충분히 그럴만한 상황인 것은 사실이지만 조금 더 신경 쓰면 얼마든지 가족들과의 소중한 시간에 투자할 수 있음에도 불구하고 마음의 여유가 없어서 가정에 최선을 다하지 못하는 경우가 많다.

나는 좋은 아빠인가? 과연 좋은 남편인가? 단순히 가정의 역할만을 평가한다면 돈 잘 벌고 시간 여유 있고 가족들과 행복하게 살고 있다면 최고의 아빠, 남편이 될 수 있을 것이다. 하지만 그렇지 못하기에 가장 소중한 가족들에게 소홀하게 살고 있는 것은 아닌지 뒤돌아볼 필요가 있다.

❘ 돈은 왜 버는가?

노동을 통해서 경제적 활동을 영위하는 것은 사회구성원으로서 가장 기본적인 단계의 활동이다. 대부분은 돈을 많이 벌어서 가족들과 행복하게 살기 위해 열심히 산다고 말한다. 하지만 이 말이 얼마나 모순인지 곧 알게 된다. 돈을 많이 벌어서 가족들과 행복하게 살기 위해 일을 하다 보니 가족보다 우선되는 것이 돈이다.

그래서 흔히 우리는 가족과의 시간보다 회사, 일, 동료들과의 시간을 우선하는 성향을 보인다. 그 결과 안정적인 소득과 여유 있는 경제력이 형성되기 전까지 가족들과 함께하는 시간을 희생해야 하는 상황을 만든다.

자녀가 자라면서 부모와 함께하며 느끼는 다양한 감정과 소중한 경험의 공유는 그 어떤 것보다 중요하다. 자녀의 성장 이후 부모와의 관계를 결정짓는 아주 중요한 부분임에도 불구하고 그 시기에 함께할 수 있는 기회를 놓치고 가족관계에 문제가 생기는 경우가 많다.

어떤 가정은 어렸을 때부터 자연스럽게 아이들과 캠핑과 대화 그리고 책 읽기 등의 다양한 활동을 공유한 반면 어떤 가정은 식사 한 끼 함께하는 시간을 마련하기도 힘든 경우가 많다. 과연 자녀가 성장한 이후에 이 두 가정은 어떤 상황이 일어날 것인지는 누가 예측해도 예상이 가능하다. 과연 경제적 이유와 시간의 문제만인가? 고민해볼 필요가 있다.

진짜 돈을 열심히 벌기 위해 직장생활과 경제활동을 열심히 하는 근본적인 이유가 무엇인지? 다시 한 번 생각해 볼 필요가 있다.

내가 무엇인가를 성취하기 위해서 동기부여는 반드시 필요하다. 하지만 그것이 더 소중한 것을 희생하며 얻어지는 것이라면 아무리 큰 결과를 얻었더라도 나중에 후회하게 된다. 진짜 성취력은 세상에 가장 소중한 것을 잃지 않고 더 많은 것을 이루어내는 것이지 무조건적인 결과를 강요하는 것이 아니라는 것을 명심하자. 가장 소중한 것은 가족이다.

좋은 아빠

결혼 이후 첫 아이를 임신했던 아내에게 내가 해줄 수 있는 것이 무엇일까? 그리고 함께하는 이 소중한 시간을 어떻게 하면 더 보람되고 알차게 보낼 수 있을까를 고민하다가 시작한 것이 뱃속의 아이에게 책을 읽어주는 것이었다.

내가 아이가 생기고 우리 아이가 자라서 이것만큼은 좋은 습관으로 만들어주고 싶은 것이 무엇일까 고민 끝에 해주고 있는 것

중 하나이다. 우리는 수없이 아이들에게 요구한다. 공부해라! 책 좀 읽어라! 말 잘 들어라! 하지만 정작 핸드폰을 들고 게임을 하거나 SNS를 하고 있는 나 자신을 발견한다.

결국 내가 어떻게 하느냐에 따라서 아이의 미래를 결정하게 된다는 사실은 알면서도 말로만 입으로만 자녀들에게 이야기할 뿐 부모 스스로가 행동으로 보여주지 못하는 것이다. 뱃속에 있는 아이에게 책을 읽어주던 것이 시작이 되어 글을 읽지 못하던 어린 나이 때부터 지금까지 시간이 될 때마다 함께 책을 읽거나 읽어주고 있다.

하지 말라고 말해도 아이에게 자리 잡은 책 읽기는 모든 학습 능력과 집중력을 높이는 좋은 결과를 만들게 된다. 세 살 버릇 여든 간다는 속담이 있듯이 한 번 자리 잡은 습관은 쉽게 바뀌지 않는다.

자녀들에게 무엇인가 좋은 습관을 만들어 주고 싶다면 무조건 함께해야 한다. 최소한 좋은 습관을 형성하기 위한 과정에 방해는 해서는 안 된다. 많은 것을 이루어서 남겨주려 하지 말고 탈무드에 나와 있듯이 지혜와 습관 형성에 도움을 줄 수 있는 노력을 하는 것이 더욱 중요하다.

학습능력을 키우고 싶다면 책 읽는 습관을, 건강하게 성장하기 바란다면 손 씻기와 양치질 습관을 잘 만들어주는 것이 현명한 방법이다. 진짜 좋은 부모가 되기 위해 모두 열심히 살지만 많은

자녀들이 그렇게 자라지 못하는 이유가 무엇인지? 한번 진지하게
생각해 볼 필요가 있다.

나쁜 남편

　결혼을 결심하고 프로포즈를 하고 결혼식과 함께 새로운 가정
이 탄생하고 행복한 생활을 약속한다. 하지만 현실은 우리나라
이혼율이 OECD 아시아국가 중 1위이다(KOSIS 통계청). 특히 황
혼이혼이라고 뒤늦은 결혼생활에 대한 후회로 끝이 좋지 않은 경
우도 늘어나고 있다.

　과거 먹고 살기 힘들던 세대의 부모님들께서 오로지 가난에서
벗어나기 위해 열심히 살던 시기와 지금은 크게 다르다. 가족의
유대감이 예전만큼 크지 않은 것도 여러 가지 요인이 있겠지만
가장 큰 것은 경제적인 문제이다.

　살아가면서 수많은 경우의 경제적 문제와 직면하게 된다. 그럴
때 감정적인 싸움으로 확대되거나 집안에 책임을 묻기 시작하는
순간 그 가정은 무너지고 만다. 좋은 가장은 가족들에게 경제적
으로 여유 있는 생활을 제공할 수 있는 능력이 기본일 것이다.

　하지만 나는 그렇지 못했다. 결혼 이후 많은 시간과 함께 열심

히 부모님께서 물려주신 빚을 갚느라 아내에게 힘든 시간을 보내게 했던 것이다. 결혼 전에 약속했던 여유 있고 행복한 생활은 뒤로하고 현재 먹고사는 문제로 고민하게 하거나 매월 해결해야 하는 다양한 돈들을 걱정하게 한 것이다. 마음이 참 아프다. 귀한 집 따님과 결혼해서 옛날처럼 호강은 시키지 못하더라도 최소한 힘들게 하지 말았어야 했는데 아직도 별반 차이 없이 잘하지 못하는 것 같다. 나에게 좋은 남편은 진행형이다. 내가 수많은 것들을 지금까지 이루어 왔듯이 아내에게 좋은 남편이 되기 위해 더 많은 노력을 하고 있다.

결국 성취력이다

좋은 아빠도 좋은 남편도 성취력의 문제다. 사람은 누구나 좋은 사람이고 싶어 한다. 하지만 상황에 따라서 어쩔 수 없이 나쁜 사람이 되기도 한다. 아이들과의 약속을 지키는 것이 회사 일이나 사회활동보다 중요하다고 생각하면 좋은 아빠가 될 수 있다. 하지만 그런 결정을 내리기 쉽지 않은 것이 사실이다. 그래서 선택의 문제에서 조금 현명해질 필요가 있다.

예를 들면 아이들과 토요일 야구장에 가기로 약속했는데 갑작스럽게 토요일 회의가 잡혔다면 어떻게 할 것인가? 대부분은 회의에 신경 쓰느라 아이들과의 약속을 취소하는 경우가 많을 것이다.

처음부터 마음 한편에 토요일 회의로 인해 아이들과의 약속을 못 하게 되었다는 불편한 마음과 회사에 대한 불만을 갖기 이전에 두 가지 다 할 수 있다는 생각을 먼저 해보자. 상황은 충분히 바뀔 수 있다.

토요일 회의가 오후 늦게 진행되는 경우는 거의 없기 때문에 저녁에 시작하는 야구경기는 늦더라도 가면 된다. 아이들과 아내에게 양해를 구하고 먼저 관람을 하게 하고 본인은 회의를 마치고 달려가면 되는 것이다.

누군가는 똑같은 일을 하며 피곤에 찌들어 살고 누군가는 같은 시간 일을 하면서도 활력이 넘쳐난다. 그 차이가 무엇인지 잘 생각해 볼 필요가 있다.

어느 날 저녁시간 조문이 3개가 겹치면 대부분 한두 개는 거리 봐서 참석하고 하나는 돈만 보내는 경우가 많다. 처음부터 3곳을 모두 가는 것은 무리라고 생각하기 때문이다. 하지만 애사라는 것이 누구는 가고 누구는 안 갔을 경우 당사자가 느끼는 서운함은 크기 때문에 가급적 참석하는 저자의 경우 3곳이 아무리 멀리 떨어져 있는 곳이라 하더라도 가급적 참석하는 편이다.

한 번은 서울, 보령, 제천의 상가를 모두 방문한 경험이 있다. 처음에는 너무 거리도 멀고 그냥 돈만 보낼까 고민하다가 아니다 모두 소중한 분들인데 어떻게든 찾아뵙겠다고 마음먹은 순간 모든 일정을 소화할 수 있었다.

성취력은 일상생활에서 그 사람의 됨됨이와 삶을 대하는 태도를 변화시킨다. 결국 좋은 아빠도 생각하기 나름이고 노력하기 나름인 것이다.

05

평생친구 후원인

대부분 후원이라면 정치인들이나 유명인들이 어떤 특별한 목적을 이유로 만들어진다고 생각한다. 하지만 내가 생각하는 후원인이란 사람이 살아가면서 수없이 많은 어려움을 겪게 되었을 때 따뜻한 말 한마디 해줄 수 있는 사람을 말한다.

학교나 회사생활을 하다 보면 그 밖에 사람들과 만날 기회가 별로 없다. 당연히 그 안에서 가깝게 지내는 사람들이 있을 것이고 그 사람들과 많은 시간을 보내게 된다. 그런데 정작 도움을 요청하거나 개인적으로 힘든 일을 경험하게 되었을 때 선뜻 나서서 도와줄 수 있는 사람을 손꼽으라면 몇 명 없는 것이 사실이다.

사람의 관계라는 것이 내가 생각하는 정도와 상대방이 느끼는 정도의 차이가 있기 때문에 혼자서 일방적으로 친하다고 착각하는 경우가 많다. 이렇게 살면 아무리 잘 살아도 인생이 외롭다. 최소한 언제든지 나와 함께 뜻을 같이해줄 수 있는 후원인 같은 사람들이 있다면 어떤 상황에서도 잘 이겨낼 수 있는 것이 인생이다. 여러분에게 후원인은 누구입니까!

돕고 싶은 사람

친구란 이유 없이 어느 상황에서도 이해하고 편들어 줄 수 있는 사람이었으면 좋겠다고 생각한다. 하지만 그런 친구를 한평생 살면서 단 한 명이라도 만들기란 쉬운 일이 아니다. 각자가 처한 상황이 다르고 개인의 성격과 성향에 따라서 서로 같은 마음으로 바라볼 수 있는 사람이 몇 명 안 되기 때문이다.

가장 친한 친구가 누구냐고 물으신다면 나는 자신 있게 얘기할 친구가 많다. 하지만 그 친구들이 나를 그렇게 생각하는지는 확신하기 어렵다. 그래도 혼자 살 수 없는 것이 인생이다. 때문에 누군가에게 의지하고 서로 어려움을 마음으로라도 나누며 살아가고 있다.

대부분 가족이 그런 역할을 하지만 어떤 사람들은 전혀 관련이 없는 경우에도 그런 역할을 해주는 사람들이 있다. 가만히 관찰해보면 어떤 사람들에게 그런 감정을 느끼고 함께하는지 알 수 있다. 바로 성취력을 소유한 사람들이다. 누구라도 잘살기 위해 열심히 노력하는 모습을 보면 응원하고 싶은 마음이 생긴다.

우리가 흔히 스포츠 경기에서 최선을 다하고 있는 선수들을 볼 때 느끼는 감정과도 같다. 그런 마음이 커지면 저렇게 열심히 사는 사람은 잘되었으면 하는 마음으로 발전된다. 그다음 단계가 '언제 기회가 된다면 저 사람에게 힘이 되고 싶다.'라는 마음이 생긴다. 그래서 자신의 삶에 충실해야 한다.

내가 최선을 다하지 않은 삶은 누구에게도 환영받을 수 없다. 나는 내 삶에 얼마만큼 최선을 다하고 있는가? 내 주변에 나를 위해 항상 응원해주는 사람은 누가 있는지 생각해보고 감사해야 한다.

받고 싶다면 줄 수 있어야 한다

누구나 빈손으로 이 세상에 태어난다. 또한 떠날 때도 마찬가지다. 하지만 사람 욕심이라는 것이 죽는 그 날까지도 없어지지 않는다. 욕심이 나쁘다는 것이 아니라 어떻게 쓰이는지가 중요하다.

최소한 자신이 어느 정도 나눌 수 있는 마음이 생겼다면 베풀 줄 알아야 한다. 비단 그것이 꼭 경제적인 것이 아니어도 괜찮다. 나눠줄 수 있는 따뜻한 말 한마디와 마음이면 충분하다. 그런 마음조차 여유 없는 사람들이 점점 늘어나다 보니 사회가 더욱 팍팍해지고 냉정해졌다. 나만 괜찮으면 다 상관없다는 식의 행동도 많다. 하지만 그것은 언젠가 중요한 순간에 무너지게 되어있다.

항상 마음을 여유 있게 나눌 수 있는 준비를 해야 한다. 그래야 나도 누군가 마음을 열고 도와주려고 할 때 받을 수 있는 것이다.

세상일이라는 것이 혼자 잘나서 성공하는 경우가 드물다. 우리가 아는 대부분의 사람들도 한두 명의 귀인과의 인연으로 폭풍 성장을 하는 일들을 많이 보았다. 선의의 경쟁자도 그렇고 조력자도 그러하다. 열린 마음이 없으면 도와줄 사람이 아무리 도와주고 싶어도 기회를 마련하지 못한다.

　　삼성에서 계약직 설계사로 일하고 있을 무렵 도움을 주신 분이 있다. 그분은 당시 이건희 회장 비서실 출신의 전무님이셨다. 따뜻한 관심의 한마디가 얼마나 큰 성장의 씨앗이 되었는지 모른다.

　　주는 사람은 별것 아닌 것으로 기억될지 모르지만 받는 사람에게는 큰 울림으로 받아들여질 수 있다. 기존 전무급 본부장님들은 단 한 번도 방문하지 않았던 곳에 나를 보러오겠다는 본인의 말을 지키기 위해서 3번의 방문을 했다. 무엇인가 하지 않을 수 없었다. 최선을 다할 수 있도록 동기부여를 확실하게 제공해주신 그분을 아직도 잊을 수 없다.

　　대나무에 마디가 있듯이 사람이 성장할 때마다 한 번씩 단계가 있다. 그 단계를 만들어주는 사람이 반드시 찾아온다. 나는 그런 기회를 받아드릴 준비가 되어있는지 고민해야 한다. 열린 마음이 없으면 아무리 좋은 기회가 찾아와도 잡을 수 없다. 받은 만큼 줄 수 있는 사람이어야 사랑과 관심도 받고 기회도 얻을 수 있다.

▍내 마음 속 후원인

묻지도 따지지도 않고 도와주는 분들이 있다. 그저 이상훈 소장이 잘되었으면 하는 바람 하나로 아무 대가 없이 응원해주는 사람들이 있다. 특정인에게 사랑을 받고 있다면 그만한 이유가 있을 것이다. 왜 나에게 이렇게 과분한 사랑을 주실까 생각해봤다. 참 열심히 산다. 잘되었으면 좋겠다. 같이 있으면 신이 난다. 앞으로 잘될 것 같다. 다양한 이야기를 하시지만 공통점은 하나다. 내 삶에 최선을 다한다는 것이다.

하루를 어렵게 버티고 저녁을 맞이하는 사람들이 많다. 하루를 어떻게 살아가느냐가 나의 미래이다. 그냥 오늘에 최선을 다하는 삶이 주변 분들에게 좋게 보인 것이다. 잘 사는 것과 열심히 사는 것은 분명한 차이가 있다. 하지만 열심히 사는 사람은 적어도 잘될 가능성이 크다. 내가 그렇게까지 살지는 못해도 저렇게 열심히 사는 사람이라면 잘 되었으면 하는 마음인 것 같다.

그냥 이유 없이 예뻐 보이고 도와주고 싶은 사람이 있다. 반면에 아무리 잘하려 해도 밉상이 있다. 기회주의자와 열심히 사는 사람과의 차이는 별것 없다. 결국 평소에 어떻게 행동하느냐가 결정하는 것이다.

필요할 때에만 연락하고 계산된 행동만 하는 사람은 언젠가는 들키게 되어 있다. 대부분의 사람들이 현명하다. 그냥 모르는 척

해도 다 안다. 나만 똑똑하지 않다. 누군가에게 이유와 목적을 가지고 접근하는 것은 위험한 일이다. 순수하게 자신의 삶에 충실하고 나와 함께하는 사람들에게 따뜻한 응원을 해줄 수 있다면 도움을 받을 상황이 되었을 때 서로 힘이 될 수 있다.

그렇지 않고 너무 계산이 앞서서 자신의 꾀에 넘어가는 일이 있어서는 안 된다. 진심으로 사람을 대할 때 감동하고 내 마음속 후원인이 될 수 있는 것이다.

남는 것은 사람뿐이다

몇 번의 어려움을 겪고 선거나 영업을 하면서 느끼는 것은 진정 함께해야 할 사람을 알게 된다는 것이다. 도와달라고 한 적도 없고 무엇을 팔려고 한 적도 없다. 하지만 알아서 피하는 사람들이 있다. 그런 사람들에게 나쁘게 대할 필요는 없겠지만 굳이 에너지를 낭비할 필요도 없다.

평생을 함께할 사람들은 정해져 있다. 나에게 이익을 제공하거나 도움을 주는 사람이 아니어도 함께 있으면 마음이 편해지는 그런 사람들이다. 착각하고 사는 사람들이 많다. '나만 똑똑하고 나는 손해를 안 보고 절대로 남에게 피해주는 일은 안 하겠다.'라고 확신하는 사람들이다.

하지만 사람 사는 것이 그렇지 않다. 언젠가 도움을 받을 날도 있지만 언젠가 도움을 줄 수도 있다. 세상사는 일이 어떻게 예상한 대로 다 되겠는가? 전혀 생각하지 않은 일들이 수없이 일어나고 당장 내일도 어떻게 될지 모르는 것이 인생이다.

지나고 나면 아무것도 아닌 일들에 사람을 잃는 일은 없어야 한다. 내가 싫어서 안 만나는 것은 어쩔 수 없다. 하지만 적어도 누군가에게 따뜻한 사람이었으면 한다. 정말 힘들 때 말 한마디 따뜻하게 건넬 수 있는 사람이면 반드시 어렵고 힘들 때 따뜻한 말 한마디 위로를 받을 수 있다.

그 작은 말 한마디에 자칫 극단적인 판단을 막을 수도 있고 새로운 희망으로 다시 시작하게 할 수도 있는 것이다. 남이 나에게 따뜻한 마음을 달라고 요구하기 전에 나는 그렇게 따뜻한 마음을 전해줄 수 있는 사람인지 생각해보라. 그리고 주변에 큰 것을 나눠줄 생각보다 작은 마음이라도 응원해주면 좋은 사람들은 모이기 마련이다. 결국 인생 끝에 남는 것은 사람밖에 없다.

5강

이렇게 성취하라!

01

배운 것 다 잊어라!

지식의 함정이 있다. 본인이 배우고 경험한 것을 벗어나지 못한다. 세상은 상식을 뛰어넘는 상상력으로 발전하고 있다. 하지만 아직도 과거와 바뀐 것이 없고 기존의 고정관념을 벗어나지 못하고 사는 사람들이 많다. 그들에게 더 이상 기회는 주어지지 않는다.

착각하지 마라. 가만히 있으면 언젠가 좋은 기회가 오겠지? 그런 시대는 끝났다. 적극적으로 움직여야 하고 생각의 틀을 깰 수 있는 용기도 있어야 한다. 아직도 내가 아는 것이 전부인 것처럼 딱딱한 머리로 원하는 것을 얻을 수 있다고 생각하면 오산이다.

말랑말랑한 사고로 유연한 수용성이 필요한 때이다. 지금까지 배운 것은 모두 잊어라! 그리고 새로운 것을 받아들여라! 그래야 급변하는 시대에 살아남을 수 있다.

새로운 사람은 새로운 정보다!

하루에도 수많은 책과 정보가 쏟아져 나온다. 몰라서 배워야 하는 시대가 아니라 잘 찾고 누구보다 먼저 알아내는가의 싸움이다. 어제의 지식이 오늘은 맞지 않을 수 있다. 끊임없이 변화하는 세상에서 살아남기 위해서는 지속적인 업그레이드가 필요하다. 매일 같은 사람들과 똑같은 이야기로 시간을 없애고 있는지 체크하라! 지난 시간 달라진 것이 없는 것처럼 앞으로도 변하는 것이 없을 것이다.

결국 만나는 사람을 바꾸고 새로운 정보를 빠르게 취할 수 있어야 한다. 사람을 가려서 만나라는 말은 아니다. 하지만 적어도 나에게 도움을 줄 수 있는 사람들을 꾸준히 발굴해야 한다. 자신이 만나는 사람들을 정리해보자. 아마도 직장동료, 교회 지인, 동호회 몇 명, 동네 친한 사람 등 몇 안 되는 부류의 사람들과 비슷한 시간을 보내고 있을 것이다.

스타벅스의 CEO 하워드 슐츠는 이런 말을 했다.

"성공은 매일 조금씩 성취해 나가는 것이다. 결과를 당연히 여기지 않고 가치를 부여하는 것, 스스로를 믿는 것, 자신을 희생하는 것, 용기를 갖는 것, 거기에 성공이 있다."

하워드 슐츠가 생각하는 매일 조금씩 성취해 나가는 것에서 가장 중요하게 여기는 것은 전혀 다른 업종의 사람을 만나야 한다는 것으로 유명하다. 그는 한 번 식사한 사람과는 다시 식사하지 않는 것으로 알려져 있는데 식사 시간만큼은 새로운 업계의 유능한 사람들과의 만남을 통해 자신의 사업에 도움이 될 수 있는 인사이트를 얻는 데 시간을 할애한다는 것이다.

여러분은 하루에 몇 명의 새로운 사람을 만나는가? 일주일에 혹은 한 달에 몇 명을 통해서 내 지식과 경험을 업그레이드하고 있는가? 결국 나에게 새로운 정보를 줄 수 있는 곳과 사람들을 정기적으로 만나는 것, 그것이 매일 조금씩 성취해 나가는 비법이다.

┃ 과거의 성공에 집착하지 마라!

우리는 현재를 살고 있다. 그런데 과거의 성과만을 자랑하고 과거에 사는 사람들을 만나곤 한다. 대부분 나이 어린 사람들이 싫어하는 '꼰대'라는 부류의 어른일 수 있다.

과거에 큰 성공보다 값진 것이 오늘의 작은 성취이다. 오늘을 어떻게 사느냐가 나의 미래를 결정하는 것이지 과거에 아무리 잘나갔다 하더라도 미래가 없다면 인정받지 못한다.

대부분 과거에 한 번 경험했던 큰 성공의 틀에서 벗어나지 못하고 그 성공을 대단한 것처럼 잊지 못하고 산다. 예전에 돈 많이 벌었던 일, 특별한 위치에서 인정받았던 일, 성공한 투자 등의 이야기로 오늘의 시간을 낭비하고 있다.

　예전에 TV 프로그램 중에 성공한 사람들의 성공담을 재연해서 보여주는 것이 있었다. 그런데 그 사람들 중에 아직도 인정받을 만큼 성공한 사람이 몇 명이나 있을까?

　과거에 성공이 미래의 성공을 담보하지 않는다. 예전에 조금 잘되었던 기억으로 앞으로도 잘 될 것이라는 막연한 기대가 현재의 충실함에 방해가 된다.

　영원한 4번 타자 이승엽 선수의 은퇴가 얼마 전 있었다. 언제나 필요한 순간 홈런을 쳐주었던 우리의 영웅이 은퇴한 것이다. 예전에 장종훈이라는 훌륭한 홈런타자가 시간이 지나며 잊히듯 이승엽 선수도 우리의 기억에서 사라질 것이다.

　아쉬움은 감정이지만 잊힘은 현실이다. 또 새로운 홈런왕이 나타날 것이다. 끊임없이 새로운 스타가 나타나듯 나 또한 새롭게 성취해야 한다. 그렇지 않으면 예전 한때 잘나가던 시절을 회상하며 과거에 사는 '꼰대'가 되고 마는 것이다.

경청하고 배워라!

주변에 흔히 볼 수 있는 사람들 중에 자신이 알고 있는 정보나 지식이 전부인 것처럼 누군가를 가르치려는 사람이 있다. 빈 수레가 요란하다는 말처럼 많이 아는 사람들은 어디서나 겸손하다. 크게 아는 것을 이야기하지 않더라도 몇 마디 말로 그 사람의 크기를 느낄 수 있다. 하지만 조금 아는 것을 크게 아는 것처럼 떠벌리고 다니는 사람들에게는 새로운 정보를 받아드릴 기회가 주어지지 않는다. 더 많이 알고 있거나 새로운 것을 알고 있는 사람이 이야기하는 정보를 듣기보다는 자신이 알고 있는 작은 것을 말하는데 열을 올리고 있기 때문이다.

잘난 척하는 사람에게 도와줄 수 있는 것은 아무것도 없다. 겸손한 사람은 자신이 가지고 있는 90에 10을 채워줄 사람을 만나지만 잘난척하는 사람은 본인이 가지고 있는 10을 100인 것처럼 말하다가 부족한 90은 평생 채울 기회가 주어지지 않는 것이다.

아무리 나이가 어려도 나보다 훌륭한 사람은 있다. 아무리 경험이 짧아도 나보다 뛰어난 사람들은 많다. 내가 가지고 있는 경험과 지식은 더 많은 정보로 채워져야 한다. 세상에 넘쳐나는 것이 새로운 것들이다. 배우면 배울수록 어려움을 느끼고 알면 알수록 모르겠는 것이 세상에 이치다.

나에게 기회를 제공해준 사람들의 특징은 내가 스스로 부족함이 무엇인지 알고 그것을 채우기 위해 열심히 노력하는 모습이 보기 좋아서 기회를 주었다고 한다. 짧은 과거의 경험으로 모든 것을 알고 있는 것처럼 행동하는 것은 새로운 기회를 잃게 하는 행동이다.

진짜 똑똑한 사람은 다른 사람의 말을 경청할 줄 아는 사람이다. 하나라도 더 배우려는 사람과 하나를 떠벌리고 말하려는 사람과의 차이는 정말 크다. 스스로 어떤 사람인지 생각해보고 평소에 말을 줄이는 것이 필요하다. 언제든지 새로운 정보를 받아드릴 수 있는 경청의 자세로 배워야 한다.

융합은 창조의 또 다른 이름

세상에 없는 것을 만들어내는 것은 쉽지 않다. 하지만 세상에 있는 것을 잘 조합해서 새로운 것처럼 만들어내는 것은 생각보다 어려운 일이 아니다. MP3, 사진기, 인터넷, 게임기, 시계, 달력 등 우리가 익숙하게 사용해온 것들이 하나로 모여서 스마트폰이 될 것이라고 생각한 사람은 많지 않다.

주변에 그렇게 만들어진 물건들이나 정보들이 많다. 전혀 없는 것을 발견하거나 완전히 새로운 것을 만들어내는 것이 아니다. 결국 기존에 있는 것들을 적절하게 조합하는 것이 창조인 것이다.

우리가 잘 아는 성공한 O2O사업들도 과거에 없었던 분야가 아니다. 대표적인 배달업이나 운송업, 숙박업들도 모두 예전부터 있던 산업이다. 하지만 그것들이 온라인과 결합되면서 새로운 시장과 함께 더 많은 부가가치를 창출해낸 것뿐이다.

지금까지 배우고 체험한 지식과 경험은 소중하다. 하지만 시대는 새로움을 요구하기에 그것들이 적절히 조화롭게 융합될 수 있는 아이디어가 필요하다. 통신업체와 자동차업체가 전기차로 경쟁하는 시대에 더 이상 경쟁의 대상은 정해져 있지 않다.

내가 하고 있는 일에서 경계를 무너트리고 과거의 고정관념에서 벗어나야 새로운 것을 성취할 수 있다. 남들처럼 똑같이 시행착오를 반복하고 쌓아온 노하우만으로는 더 큰 것을 얻기가 쉽지 않다. 대표적인 예가 멀티숍이다. 자동차 매장과 커피숍이 만났고, 골프 연습장에서 세차를 한다. 이렇게 끊임없이 새로운 것에 도전하고 새로운 정보를 유연하게 받아드릴 기회를 찾아야 한다. 그러다 보면 생각하지 않는 조합으로 지금과 전혀 다른 분야에서 내가 갈 길이 보일 것이다.

02

얼굴이 변할 때까지 웃어라!

사는 것이 참 힘들다. 그냥 하루를 생각 없이 보내기에는 생각보다 많은 일들이 일어난다. 열 가지 일 중에 아홉 가지가 좋은 일이고 한 가지가 안 좋은 일일 때, 자기 전 좋았던 아홉 가지를 생각하는 사람인지 아니면 안 좋았던 한 가지를 생각하는 사람인지 생각해보라. 나는 어떤 사람인가?

사람들은 대부분 아무리 좋은 일이 많아도 한두 가지 안 좋은 일에 신경이 쓰이기 마련이다. 그런데 실제로 일어나는 일의 대부분은 안 좋은 일이 일곱이고 좋은 일이 셋 정도 된다고 한다. 그렇다면 더욱 문제는 심각해진다.

실제로 하루 종일 일어나는 모든 일들을 곰곰이 생각하고 걱정하기 시작하면 끝없이 힘들어지기 때문이다. 그런 삶의 무게가 얼굴에 고스란히 묻어나게 된다. 그래서 '마흔이 되면 얼굴에 책임을 져라.'라는 말이 괜히 있는 것이 아니다.

사람들의 얼굴을 가만히 쳐다보면 그 사람의 지나온 인생을 알수 있다. 화난 얼굴을 하고 있는 사람, 어딘가 불편하게 찡그리고 있는 사람, 환하게 웃고 있는 사람, 그냥 여유 있어 보이는 사람모두 제각각이다. 결국 내 마음상태가 얼굴에 드러나는 것이다. '좋은 일이 있어서 웃는 것이 아니라 웃어서 좋은 일이 생기는 것이다.'라는 말이 있듯이 웃어야 복이 온다.

저자는 물려받은 미간의 1자 주름을 없애기 위해 많은 노력을했다. 지금은 가로 주름이 두 줄 생기고 1자 주름은 살며시 사라졌다. 내가 마음을 어떻게 먹느냐에 따라서 내 인상도 내 인생도바뀔 수 있다.

그렇지 않아도 힘든 삶에서 만나고 싶은 사람이 되려면 웃어라. 그리고 밝게 인사해라. 그래야 또 만나고 싶은 사람이 되고언제나 함께하고 싶은 사람으로 기억된다.

주어진 것에 감사하라

어렸을 때 부모님 말씀을 참 안 들었던 것 같다. 원하는 것을 사주지 않으시면 투정도 많이 부렸다. 예전 어렸을 때 사진들 보면 왜 그리 인상이 구겨져 있는지 기억이 나질 않아서 부모님께 여쭤보면 당시에 뭐 사달라고 졸랐다가 사주지 않으셔서 그랬다고 들으면 어렴풋이 기억이 난다.

대부분 부정적인 생각이 긍정적인 생각보다 강하기 때문에 좋은 면보다는 안 좋은 면을 생각하는 경우가 더 많다. 그런 생각이 말에 묻어나고 얼굴에 드러나면 같이 있는 사람이 불편해진다.

나는 어떤 사람인지 생각해보라. 끊임없이 부정적인 말들을 쏟아내고 있는 사람인지 아니면 그래도 긍정적인 말을 많이 하는 편인지. 감정을 속이라는 말은 아니다. 하지만 모든 일에는 부정적인 것과 긍정적인 것이 공존하기 때문에 결국 어느 부분을 더 크게 보느냐의 문제인 것이다.

어렸을 때 아이들은 새로운 것에 욕심을 낸다. 당연히 사고 싶은 것과 갖고 싶은 것이 많다. 그렇다고 모두 사줄 수 있는 부모는 많지 않다. 결국 주변에 장난감이 가장 많은 친구와 비교하며 나는 왜 이렇게 없냐고 투정부리게 된다.

지금 와서 가만히 생각해보면 나보다 장난감이 없었던 친구들이 더 많았던 것 같다. 사람은 늘 나보다 더 잘 사는 사람, 행복해 보이는 사람, 여유 있는 사람들과 비교하게 된다. 그리고 초라한 자신을 비관한다. 그렇게 생각하면 끝이 없다.

세상은 생각보다 공평하다. 보이지 않는 부분에 남이 알지 못하는 어려움은 누구나 있다. 절대로 나만 힘들고 나만 없는 것이 아니다. 지금 앞에 있는 차 한 잔의 작은 행복을 충분히 느껴라. 그리고 미소 지어라. 목표를 조금 더 높게 잡고 더 잘 살기 위해 노력하는 것은 필요하다. 하지만 현재 주어진 소중한 것들에 감사하지 못하면 아무리 많은 좋은 것이 생겨도 만족할 수 없고 행복하지 않을 것이다. 결국 더 많은 소유보다 중요한 것이 현재 주어진 것에 감사하는 것이다. 그런 마음가짐이 얼굴에 나타나고 내 인상과 인생을 결정하게 된다.

첫인상이 전부다

수많은 사람 중에 유독 기분이 좋아지는 사람이 있다. 그냥 생각만 해도 만남이 기대되고 다음에 또 보고 싶은 사람이 있다. 그 중요한 결정은 생각 외로 아주 짧은 시간에 결정된다. 첫인상이다. 평소에 대충 꾸밈없이 다녀도 에너지가 느껴지는 사람이 있다. 무엇인가 어둠을 몰고 다닐 것 같은 불편한 느낌인지, 그냥 웃음이 나오는 즐거운 사람인지, 생각해보라.

첫 만남 3초 만에 느껴지는 첫인상을 바꾸려면 40시간이 필요하다는 말이 있다. 그만큼 누군가를 처음 만날 때의 준비는 상대에 대한 배려이자 내 자신의 가치를 결정한다. 성형수술을 하거나 피부과에서 시술을 받거나 사람 만날 때마다 헤어숍에서 머리 손질을 하라는 것이 아니다. 최소한 화장실에서 거울을 한 번 더 보고 입고 있는 옷의 상태를 확인하고 환한 미소 짓는 것을 한 번 더 연습하는 것이 필요하다.

짧은 순간 결정되는 나의 가치에 투자해야 한다. 그 인상으로 기분이 좋아지기도 혹은 불쾌하기도 할 수 있기 때문이다.

내가 한 작은 행동 하나가 상대방에게 어떻게 생각될지를 너무 고민할 필요는 없다. 하지만 그 만남에 감사하는 마음가짐을 가져야 한다. 미소는 상대방을 행복하게 한다. 그 작은 미소 하나로 당신의 인생을 바뀔 수도 있다.

자동차 세일즈를 하던 시절에 유통업을 크게 하시는 대표님을 만나서 상담해야 하는 어려운 자리가 있었다. 대부분의 사람들이 그분과의 만남에서 말 몇 마디 하기 힘들다는 말을 하고는 했다. 하지만 먼저 환하게 웃으며 인사했고 생각외의 질문에 당황하기는 했지만, 끝까지 웃으며 응대했다. 대화 끝에 "왜 이렇게 웃느냐?"는 질문을 받았을 때 주변에서 얘기 듣던 것보다 훨씬 인상도 좋으시고 생각도 비슷해서 기분 좋아서 미소가 저절로 나온다고 말씀드렸다. 그분도 점점 인상이 환하게 변하는 것을 느낄 수 있었고 본론으로 들어가서 계약을 할 때까지 생각보다 긴 시간이 걸리지는 않았다.

내가 웃지 않으면 상대방도 웃지 않는다. 짧은 만남으로 나의 첫인상은 평생 기억될 수 있다. 얼마나 더 오랜 기간 함께 인연이 될지 모르지만 최소한 밝고 긍정적인 사람으로, 또 만나고 싶은 좋은 사람으로 기억되는 것은 작은 미소 하나면 충분하다.

아침인사와 미소

내 목소리는 항상 격양되어 있다. 소풍 가기 전날 느끼는 설렘을 사람과의 만남에서도 느낀다. 내가 기대했던 만큼 만남을 통해서 새로운 것을 알게 되고 그분과 함께 앞으로 발전될 내 인생을 기대하면 소중하지 않은 인연은 하나도 없다.

특히 지금 함께 일을 하고 있거나 같은 공간에서 자주 마주치는 사람들이 있다. 우리 삶에서 생각보다 오랜 시간을 같이 보내게 될 사람의 수가 그렇게 많지 않다. 그래서 지금 순간 내 앞에 함께하고 있는 사람들에게 충실해야 한다.

많은 사람들이 가까이 있는 사람들에게 소홀하기 마련이고 언제든지 만날 수 있다는 이유로 우선순위에서 배제하는 성향이 있다. 그러면 절대 안 된다. 내 주변 사람들에게도 못하면 새로운 사람에게 아무리 잘해도 항상 결과는 똑같다. 항상 가까이 있는 사람들에게 먼저 잘해라. 그것이 평판이 된다. 오랜 시간 함께한 사람들과의 소중한 시간을 좋은 추억으로 남기는 사람만이 새로운 인연도 좋게 시작할 수 있다.

아침에 집을 나오면서 가족들에게 따뜻한 말 한마디와 인사를 하고, 목적지에 도착해서 만나는 사람들에게 먼저 밝게 인사하는 것은 기본이다. 하루 일과를 결정하는 첫 만남에 당신이 상대방에게 줄 수 있는 최고의 선물은 밝은 인사이다.

어제 아무리 안 좋은 일이 있었더라도 여러분의 밝은 미소와 기분 좋은 아침 인사에 상대방은 행복한 하루를 시작하게 될 것이다. 나는 누군가에게 좋은 기분을 선물하는 사람인지 아니면 불쾌한 사람인지 결정짓는 것은 생각보다 작은 것에서 시작된다.

상대방이 행복하게 아침을 시작하면 나도 내 주변도 모두 기분 좋은 아침을 맞이할 수 있다. 그 시작이 꼭 당신의 따뜻한 미소이면 더 좋다. 회사나 대학 혹은 프로젝트 면접에서 지원자의 인상부터 확인하는 것이 괜히 그런 것이 아니다. 별것 아닌 것 같은 웃는 얼굴과 나의 밝은 미소는 내 주변에 큰 변화를 만든다는 것을 명심하자!

웃는 아이 떡 하나 더 준다

　가끔 무엇인가를 나눠줄 수 있을 만큼 여유 있는 수량의 물건이 생겼을 때 누구나 고민한다. 혼자 모두 사용하기에는 그렇고 누군가에게 나눠주고 싶은데 누구를 줄까? 선정 기준은 제각각일 것이다. 하지만 머릿속에 떠오르는 사람은 생각보다 단순하게 정해진다. 우선 당장 눈에 보이는 사람. 즉 가까운 사람 그 중에도 예전에 나에게 비슷한 나눔을 실천한 사람이다. 그다음이 누구일까? 막상 떠오르는 사람이 없다면 누구에게 줄 것인가? 평소에 그냥 함께하면 기분 좋아지는 사람, 바로 당신이어야 한다.

　세상은 혼자 살기 쉽지 않다. 반드시 누군가에 도움을 받거나 누군가에게 도움 줄 일이 생기기 마련이다. 그럴 때 선뜻 건넬 수 있는 편한 사람이 누구인지 생각해보면 답이 나온다.

　옛말에 '우는 아이 떡 하나 더 준다.'는 말이 있다. 이 말은 원하고 표현하면 받을 수 있는 확률이 높다는 이야기이다. 하지만 어른이 울면서 징징거리면 진상이다.

　먼저 웃으며 요청하라. 요청하지 않으면 기억에 남지 않는다. 결국 누군가에게 나눔과 도움을 받는 사람들의 특징을 잘 보면 요청을 자주하는 사람들이다. 바쁜 일상에서 기억된다는 것은 좋은 일이다. 특히 내가 필요한 것이 무엇이고 어떤 도움이 필요한지 명확하게 이야기하고 있어야 한다. 그래야 내가 원하는 것을 얻을 수 있다.

"에이, 괜히 부담스럽게 뭐하려고."

그렇지 않다. 사람은 마음속에 도움을 주고 싶은 기본적인 성향을 대부분 가지고 있다. 결정적인 순간에 선택되는 사람은 웃으며 요청했던 사람이다.

03

딱 오늘만 하자!

오늘이 쌓여서 과거가 된다. 지난 시간 어떻게 살았는지가 고스란히 내 미래를 결정할 뿐이다. 하루를 보낸다는 것은 내 삶을 소비한다는 것이고 내 삶을 소비하는 것은 시간을 보내고 있음을 말한다. 끈기가 있는 사람과 그렇지 않은 사람의 차이가 결국 다른 결과를 만든다.

하루 이틀 쌓인 것들이 모여서 내가 목표한 것을 이루는 것이라는 것을 명심하자. 결국 공짜는 없고 그냥 하루아침에 하늘에서 떨어지는 결과는 없다. 차곡차곡 쌓인 나의 시간들이 내 인생을 채우듯이 오늘 보낸 시간으로 내 운명이 결정된다.

지난 시간에 고민하고 후회하지 말고 지금부터 다시 쌓아 가면 시간이 지나고 값진 열매는 자연스럽게 열리게 된다는 세상의 이치를 잊지 말자.

오늘은 내 운명을 결정한다

대부분 많은 사람들이 먼 미래의 일을 걱정하고 오늘을 소홀히 하는 성향이 있다. 그런데 미래는 오늘이 쌓여서 만들어지는 것이지 결코 갑자기 찾아오지 않는다. 영어공부를 하자고 수없이 결심하고 시작과 포기를 반복한다. 다이어트 하자고 운동을 시작하고 금세 포기한다. 이렇게 시작만 하고 마무리하지 못한 일들이 얼마나 많은가!

하지만 그 안에서 시간이 쌓이면 작은 결과로 돌아온다. 시작하고 포기할 때까지의 시간이 길어지고 포기하고 다시 시작할 때까지의 시간이 줄어들면 그것이 쌓인다. 영어도 단어 몇 개 외우다가 손 놓았던 책이 있다면 다시 잡으면 되고 며칠 열심히 다니던 운동도 몸이 잊기 전에 다시 시작하면 된다. 하지 않은 시간보다 무엇이든 한 시간이 더 많으면 되는 게임이다. 그러면 그것도 쌓여서 결과가 된다.

지속적이고 반복적인 것이 혁명적이다. 아무리 좋은 아이디어도 시작하지 않으면 소용없고 좋은 습관도 반복하지 않으면 몸에 익숙지 않다. 세상의 이치는 간단하다. 쓰는 돈보다 번 돈이 많으면 돈은 모이고 남들보다 더 노력하면 최소한 중간 이상은 좋은 결과를 얻는다. 시작이 다르다고 불평하는 사람과 시작이 조금 부족해도 꾸준히 노력하는 사람과의 차이가 여기서 결정된다. 새로운 것을 배우고 내 것으로 만들기도 힘들지만 잘 만들어진 습관을 계속 유지하는 것 또한 쉽지 않다.

그래서 저자가 매일 꼭 하는 것이 아침에 그날 할 일을 정리하는 것이다. 아침에 적지 않으면 하루가 금방 간다. 오늘 해야 할 일은 또 내일로 미뤄진다. 세상에 절대 공짜는 없다. 지금 아무 것도 하지 않으면서 원하는 것이 이루어지길 바란다면 노력 없이 결과를 바라는 것과 다를 바가 없다. 막연한 소원과 꿈으로 내 인생을 허비하는 일은 없어야 한다. 오늘을 잘 살면 밝은 내일은 자연스럽게 따라온다.

아침 5분의 차이

아침에 5분 먼저 시작한 사람과 5분 늦게 시작한 사람의 차이는 엄청나게 크다. 미리 일어나서 여유 있게 시작한 사람은 오늘 할 일을 정리한다.

10가지 처리해야 할 일이 있다면 대부분 오전에 마무리 가능한 일은 3~4가지, 오후에 5~6가지가 된다. 하지만 일하다 보면 새로운 일이 주어지기도 하고 생각하지 않은 갑작스런 일이 생겨서 마무리 못 하는 경우도 생긴다. 그럴 때 5분 먼저 오늘 할 일을 정리한 사람은 6~8가지 일은 마무리할 수 있다.

하지만 5분 늦게 시작한 사람의 아침을 자세히 들여다보면 오늘 처리해야 할 일이 무엇인지도 모르고 오전을 보내는 경우가 많다. 당장 처리해야 할 일들을 급하게 하다 보면 오전에 1~2가지 해야 할 일도 못 하는 경우가 있다. 결국 오후에 3~4가지 처리하게 된다. 이들은 하루 종일 일해서 5가지 정도의 일이라도 처리하면 다행이다.

하루의 시작이 얼마나 중요한지 그날의 컨디션은 물론, 내 인생을 바꾸는 중요한 요소가 된다. 이러한 것들이 쌓여서 같이 공부를 시작한 친구 혹은 함께 입사한 동료에게 밀리기 시작하는 것이다. 머리가 나빠서 실력이 없어서 부족한 결과가 만들어지는 것이 아니다.

대부분 정해진 시간을 얼마만큼 잘 활용하느냐의 차이일 뿐 다른 요인들은 그다지 크게 작용하지 않는다. 하지만 우리가 핑계를 만들고 이유를 설명할 상황이 되면 자신 안에서 문제를 찾지 않고 밖에서 찾으려 하기 때문에 개선이 안 된다. 분명한 것은 아침에 5분의 여유가 내가 이루고자 하는 것을 성취하게 할 수도 있고 그렇지 않을 수도 있다는 것을 명심하자.

휴식을 계획하라

매일 같은 일을 반복하는 것만큼 어려운 것은 없다. 아무리 재미있는 일도 어느 정도 시간이 지나면 흥미를 잃기 마련인데 하고 있는 일이 힘들고 어렵고 하기 싫은 것이라면 더욱 쉽지 않다.

보통 목표를 정해놓고 기간이 정해지면 그 기간을 월주일로 나눠서 하루 진도를 정한다. 그리고 매일 해야 할 것들을 체크하고 그날 결과를 관리해서 목표한 것을 이루는 방식을 많이 사용한다. 하지만 보통 이렇게 계획을 세우는 순간부터 실패한다. 중간에 생기는 변수는 전혀 고려하지 않았기 때문이다. 그렇다고 너무 늘어지게 일정을 잡거나 여유 있게 생각하고 대충 계획하라는 것이 아니다. 최소한 주간이나 월간 단위 계획에서 예상하지 않았던 상황이 벌어졌을 때 대처하기 위한 여분의 시간 계획이 꼭 필요하다. 보완할 수 있는 시간을 일정에 넣는 것이다.

예를 들면 책 쓰기를 하는데 A4 80장을 80일 동안 작성해야 한다고 가정하면 대부분 매일 1장씩 80일 쓰겠다는 계획을 세운다. 여기서부터 실패하는 것이다. 80일에서 10주, 70일을 책 쓰는 시간으로 정해놓고 나머지 10일은 검토 수정하는 기간으로 계획해야 한다. 또 10주에 80페이지라면 1주일에 8장 하루에 1장 주말에 3장 이렇게 계획하는 것이 아니라 매일 1장 반씩 쓰고 주말에는 부족한 부분을 보완하는 일정으로 계획해야 한다.

여기서 또 빠지면 안 되는 것이 중간중간 휴식이다. 세상에서 똑같은 일을 반복해서 지속적으로 하는 것만큼 어려운 것이 없다. 절대로 중간에 휴식계획이 빠져서는 안 되는 이유다. 하루의 계획에서도 식사시간 이후 오후 중간에 꼭 머리가 쉴 수 있는 시간이 있어야 한다.

책 쓰기도 공부도 아이디어도 잠깐의 여유로운 시간을 즐길 때 더 효율적으로 마무리가 가능하다.

마지노선을 정해라

어느 날 정말 아무것도 하고 싶지 않을 때가 있다. 이럴 때 어떻게 하느냐가 중요하다. 그냥 모두 손 놓아버리고 푹 쉬고 싶은 생각이 굴뚝같아도 절대 그러면 안 된다. 자칫 그 순간 이후로 완전히 포기해 버리게 될 수도 있기 때문이다.

대부분 별것 아닌 작은 일로 중간에 그만두는 경우가 많다. 심리적인 변화, 주변의 반대, 부정적인 사건, 핑계를 만들기 위한 이벤트는 넘쳐난다. 그럴 때마다 고민이다. 내가 계속 이것을 할 것인지 아니면 접을 것인지. 이럴 때 어떻게 하느냐가 결국 시간이 지나서 후회하느냐 그렇지 않느냐를 결정짓는 중요한 순간으로 기억되는 것이다. 절대로 그냥 손 놓으면 안 된다. 그러면 다시 시작하기까지의 기간이 너무 오래 걸려서 포기하게 된다.

책 쓰기를 하다가 너무 글을 쓰는 것에 지쳐서 더 이상 쓰고 싶지 않은 날을 예로 들면 최소한 소제목이나 소주제라도 몇 개 작성해 보는 것이다. 그리고 책은 쓰지 않고 휴식을 취하더라도 아까 작성했던 내용들에 대해서 조금씩 생각하고 있으면 다시 컴퓨터 앞으로 돌아오기가 쉬워진다. 혹은 전혀 생각하지 않았던 기발한 아이디어가 떠올라서 갑자기 글을 쓰게 되는 경우도 있다.

운동도 마찬가지다. 정말 가기 싫다면 최소한 10분 정도 간단한 산책이라도 해야 다음 날 운동을 다시 할 수 있다. 그렇지 않으면 내일 나가는 것을 포기하게 되는 경우가 더 많다. 하루 편해지는 순간, 하루 내가 생각한 것에서 멀어지는 순간, 내가 목표했던 일을 이루기 힘들어진다.

04

경쟁하지 마라!

무엇이든 물건이 부족하던 시절, 단순 노동이나 일자리가 정해져 있던 시절, 우리는 한정되어 있는 것들을 얻기 위해 치열하게 경쟁할 수밖에 없었다. 누군가의 물건을, 누군가의 자리를 빼앗지 않고 취할 수 없었던 시기였다. 하지만 지금은 달라졌다. 물건은 넘쳐나고 생각지 않았던 일자리들이 매일 새롭게 나타나고 있다. 이런 시대에 누군가와의 경쟁이 얼마나 무의미한지 아직도 모르는 것 같다. 내가 하고 싶고 잘하는 일을 찾는 것이 더 빠르다.

누군가와의 경쟁에서 운 좋게 이겼더라도 생각하지 않았던 전혀 다른 분야와 경쟁해야 하는 상황이 일어나는 것이 지금의 상황이다. 예전처럼 단순하게 경쟁하려 하지 말고 어느 곳에서나 필요로 하는 자신만의 능력을 키우는 것이 더 중요한 시대가 된 것이다.

좋아하는 일을 잘하는 것

세상에 나만 할 수 있는 일이 있을까? 아주 높은 지식을 요구하는 첨단과학기술 분야에서의 학자라면 모를까 대부분 누구나가 최소한 비슷하게 소화해 낼 수 있는 일들이다. 내가 없다면 대체 가능한 사람이 있다는 말이다. 그렇다면 내가 집중해야 할 부분이 무엇일까? 바로 내가 잘하고 즐길 수 있는 분야이다.

인생의 주기가 길어지고 수명은 늘어만 가고 있다. 평생을 살면서 경제활동을 위해서라도 일은 해야 하고 일을 해야 젊게 살 수 있다. 그렇다면 내가 좋아하는 일을 하는 사람과 그렇지 않은 일을 하고 있는 사람의 결과는 말하지 않아도 차이가 날 수밖에 없는 것이다. 열심히 하고 잘하는 것은 언젠가 지치기 마련이다. 하지만 즐기는 사람은 평생을 행복하게 일할 수 있다.

결국 내가 즐길 수 있을 만큼 잘하지 못하더라도 행복한 일을 찾아야 한다. 수명이 길지 않았던 시대에 직업은 한 가지로 충분했다. 대부분 잘하는 것과 좋아하는 것을 선택해야 한다면 누구나 잘하는 것을 선택해서 먹고사는 문제 해결이 우선이라고 말하던 과거와 달라졌다. 우리에게 주어진 현재와 미래는 더 이상 먹고사는 문제로 힘들지 않으며 하기 싫은 일을 하면서 살 필요가 없는 시대가 시작된 것이다.

그래서 최근에 시작한 일이 커피용품 판매이다. 원래 커피와

차를 즐겨 마신다. 세상에 어느 순간보다 좋은 사람과 함께 커피와 차를 마실 때 행복하다. 자연스럽게 관련용품에 관심을 갖게 되었다. 그 행복한 순간이 관련 지식과 만나서 커피를 더욱 제대로 즐기게 되었고 전문성도 점점 늘어가고 있다.

누구보다 뛰어나고 나만이 할 수 있을 만큼 전문성을 키우는 것 그 자체가 즐기지 않고서는 불가능하다. 지금 당신이 하고 있는 일에서 자신 있게 즐길 수 있을 만큼 좋아하고 사랑할 만한 일을 찾는 것이 가장 중요하다.

나와의 경쟁

앞에서 언급한 것처럼 처음 강단에 섰을 때 나의 모습은 너무나 초라했다. 하지만 그 부족함에서도 누군가의 앞에서 이야기하고 도움을 줄 수 있는 강사의 매력은 나의 부족함을 스스로 채워야겠다는 강력한 동기부여를 주었다.

대부분 그 정도 실망과 창피함을 경험했다면 포기했을 것 같기도 하지만 이상하게도 잘하고 싶다는 생각과 더 노력해야겠다는 강력함에 이끌렸다.

우선 화이트보드 앞에서 정신 나간 사람처럼 혼자 떠드는 것부터 시작했다. 우리가 흔히 말하는 스토리텔링은 이야기의 기승

전결이 짜임새 있게 구성되어 있고 교훈과 함께 중간중간 재미가 곁들여진 내용들이다. 세상에 없는 이야기를 일부러 만들어서 꾸며낸 것들은 누가 들어도 진정성이 없게 느껴진다. 내가 부족했던 부분이 무엇인지 정확하게 알았다. 실제 있었던 이야기를 얼마나 더 재미와 감동을 느낄 수 있게 잘 전달할 수 있는가의 문제라면 연습밖에 없다고 생각했다.

한 가지 단어를 가지고 그 단어와 연관된 다양한 이야기들을 하나씩 정리하기 시작했다. 자동차를 말하기 시작하면 처음 내가 소유했던 자동차부터 그와 연결된 다양한 이야기들이다. 그 이야기를 통해 얻었던 다양한 교훈까지 구슬을 꿰듯 하나씩 엮어서 실제 생활에서 누구나 겪을 수 있는 소소한 경험을 바탕으로 누구나 느낄 수 있는 작은 교훈까지 완벽한 하나의 이야기로 구성한 것이다. 그것을 주제에 따라서 필요한 예시로 꺼내서 쓸 수 있도록 수많은 이야기를 준비하고 연습하는 것은 결국 나와의 싸움이고 경쟁이었다.

인공지능과의 대결과 경쟁은 인간으로서 불가능한 영역을 구분하게 한다. 사람이 할 수 있는 분야와 인공지능의 분야로 나눈다면 내가 잘할 수 있고 차별화를 통해 인정받을 수 있는 부분은 스스로가 갈고 닦아서 만들어내는 방법밖에 없다. 앞으로의 경쟁은 과거의 경쟁과 달리 자신과의 싸움을 통해 스스로 노력한 결과로 성패가 좌우될 것이다.

결과보다 과정의 성취에 집중하라

경쟁의 대상으로 인식되는 것은 위험하다. 너무나 치열하게 경쟁을 부추기는 사회적 분위기 때문에 상대방의 실력을 인정하는 문화가 부족하다. 누군가 잘되면 배 아파하고 속상해한다면 당신은 크게 성공할 수 있는 자질이 없다.

진정한 승자는 누군가의 성공에 박수 칠 수 있는 사람이다. 박수는 친 만큼 받게 되어있고 누군가의 성공을 함께 축하해 줄 수 있는 사람이야말로 본인이 성공했을 때 외롭지 않고 축하받을 수 있다.

많은 사람들이 작은 성공과 결실을 맺고 난 후 공허함을 느끼는 것은 성공과 결실에서 온 만족감이 평소 생각했던 것과는 차이가 많기 때문이다. 치열하게 경쟁해서 1등의 자리에 섰을 때 느끼는 성취감은 사실 별것 없다. 그 순간의 감정은 도전의 과정에서 느꼈던 다양한 경험과 감정의 결과일 뿐이지 우리가 상상하는 특별한 만족감이 아니다.

그래서 경쟁으로 성공하면 불행하다. 자신만의 목표를 정하고 나와의 싸움을 통해 어느 순간 1위가 아니더라도 느낄 수 있는 성취감이 있어야 한다. 작은 성취감들이 쌓이고 그것을 함께한 사람들에게 감사할 줄 알고 그 결과에 감사하며 나눌 수 있을 때 진정한 1위의 자리에 설 수 있고 그 성취감도 만족할 수 있다.

혼자 아무리 뛰어나도 인정받지 못하는 사람은 불행하다. 우리가 흔히 보는 오디션 프로그램에서 1위와 10위의 실력 차이가 눈에 띄게 크게 느껴지지 않는다. 사실 그 경쟁의 과정에서 스스로 성장하게 되었고 함께했던 동료들의 도움으로 최고가 되었을 뿐 그것을 알지 못하면 그 분야에서 외롭게 사라지는 경우도 많이 본다. 결과를 위해 경쟁하지 말고 과정의 성취에 집중해야 하는 이유이다.

가슴 뛰는 나를 만나라

어렸을 때 소풍 가기 전날, 운동회 전날은 잠이 안 온다. 얼마나 설레고 기대되는 일인가! 내가 하는 일을 그렇게 느낄 수 있다면 얼마나 행복할까? 내일 만날 사람의 기대로 잠이 안 온다. 내가 준비한 말 한마디로 누군가의 인생에 도움을 줄 수 있다는 설렘으로 강단에 선다. 돈보다 중요한 가치를 선택할 수 있다면 어떤 일이든 성공한 것이다.

스스로 가슴 뛰는 일을 하고 있다면 그 뒤에 따라올 보람과 성취감은 상상한 것 이상일 것이다. 내가 지금 하고 있는 모든 일이 그렇지는 않더라도 최소한 그렇게 되도록 노력해야 한다. 세상 어떤 일도 하찮은 것이 없으며 소중하지 않은 것은 하나도 없다.

내가 하고 있는 일로 인해 누군가에게 작은 도움이라도 줄 수 있다면 그 작은 것에 가치를 부여하고 의미를 담아야 한다.

대학 졸업을 앞두고 취업 준비 중이던 시기에 작은 공장에서 쇠를 깎아서 가공하는 일을 했었다. 함께 일하던 형님께서는 초등학교 졸업으로 일찍이 기술을 배우고 공장에서 일하는 성실한 사람이었으며 주야 12시간 뿌연 기름 연기를 마스크 없이 마시면서도 늘 즐겁고 행복한 사람이었다. 얼마나 감사한 일인지 모르겠다며 중간에 쉬는 시간에 행복해하고 야간작업할 때 간식으로 나오는 컵라면 하나에 피곤함을 잊고 일하던 그분을 잊을 수 없다.

누군가에게 보여지는 모습이 다소 하찮게 느껴질 수도 있고 내가 하고 있는 일이 다른 사람들에 비해 보잘것없다고 생각할 수도 있다. 하지만 스스로 그런 마음을 버리고 지금의 일을 대할 때 전혀 다른 결과가 나온다. 지금 하고 있는 일에 가슴 뛰는 나를 만나라! 경쟁을 통한 성공보다 더 큰 성취감을 맛보게 될 것이다.

05

주위를 보라!

성공한 사람들은 주위에 그와 함께해준 좋은 사람들이 있다. 우리가 흔히 귀인이라 말하는 사람이다. 개인의 역량이 뛰어나고 혼자만의 힘으로 성공한 것처럼 보이는 사람조차도 최소한 1명 이상의 그런 사람은 있기 마련이다. 라이벌, 파트너, 친구, 선배, 상사, 가족, 친척, 키다리아저씨 어떤 형태일지 알 수 없지만 반드시 함께하는 사람은 있다.

사람은 사회적 동물로 혼자 살 수 없다. 결국 누군가의 도움을 받게 되어있고 그것의 형태가 정신적이든 물질적이든, 보이든 보이지 않든 간에 영향을 받게 되어있다. 그래서 항상 주위에 나에게 영향을 주는 사람은 누구인지 관심을 갖고 살아야 한다. 그 인간관계가 내가 원하는 목표를 성취하는 데 영향을 끼치게 될 많은 변수에 대해서 인지하고 있어야 하기 때문이다.

┃ 좋은 인연

이상하게 내가 해준 것도 없는데 나를 위해 무엇이든 신경 써주고 챙겨주는 사람이 있다. 반대로 내가 그렇게 애를 써서 잘해준 것 같은데도 나에게 별다른 표현을 하지 않고 반응이 없는 사람도 있다. 쉽게 말해서 받는 것 없이 좋은 사람과 주는 것 없이 미운 사람이 있다.

가만히 생각해보면 어떤 형태로든 내 인생에 도움을 준 사람들이 있다. 단순히 잘해준 사람과 힘들게 한 사람으로 분류하기에는 어려움이 있지만, 내 인생에 적지 않은 영향을 준 사람들은 많다. 그렇다면 내 인생에 도움을 주는 좋은 사람은 누구일까? 어떤 사람과의 관계가 좋은 인연이고 악연일까? 생각해보자.

나에게 참 잘해주는 사람이 있다. 무조건 내가 얘기하면 다 들어주고 언제든지 힘이 되어주는 사람이다. 하지만 이런 사람만 좋은 인연은 아니다.

반대로 쉽지 않은 사람이 있다. 내가 어떤 이야기를 하면 객관적으로 판단해주고 조언해준다. 설득이 쉽지 않다. 항상 깊은 고민으로 내 일에 대해서 일어날 만한 변수들을 말해준다.

단순히 심리적으로는 전자의 경우가 마음을 편하게 해주고 힘이 되는 것 같지만, 결과적으로는 후자의 경우가 내 인생에 큰 도움을 준다. 내가 어떻게 생각하느냐에 따라서 후자는 나쁜 사람이라고 생각할 수 있겠지만 꼭 그렇지만은 않다. 너무 무조건적인 긍정의 태도는 나의 발전에 도움이 되지 않는다.

사람은 좋은 말해주는 사람과 함께하려는 성향이 있다. 하지만 반드시 쓰더라도 바른말을 해주는 사람은 필요하다. 나의 감정을 떠나서 언제든지 바른말을 해줄 수 있는 사람을 좋은 인연으로 생각해야 한다. 그런 사람이 꼭 필요하고 그를 통해서 성취력의 한계를 시험할 수 있게 된다.

표현하라!

많은 사람들이 착각하는 것이 있다. 내가 어떤 상황인지 주변에서 알아줄 것이라고 생각하는 것이다. 내가 표현하지 않는데 나를 도와주려고 준비하고 있는 사람은 없다. 어떤 형태이든 잘 되고 있으면 잘 되는 대로, 안 되면 안 되는 대로 나의 상황을 조금씩 설명하고 함께하는 사람들이 있어야 한다.

'누군가 나를 이해해주겠지! 내가 말하지 않아도 최소한 나의 가족들은 나의 편으로 도움을 주겠지!' 하는 막연한 기대는 위험하다. 어느 누구도 자신이 아닌 다른 사람의 입장에서 걱정해주고 신경 써주고 도움 줄 수 있는 경우는 부모 자식의 관계가 아닌 이상 거의 없기 때문이다.

필요하고 힘들 때만 조언을 구하고 도움을 요청하라는 말이 아니다. 잘되고 발전하고 성장하고 있다면 그 과정도 공유하고 함께하는 사람들이 있어야 한다. 그래서 그 사람들이 나의 상황을 이해하게 하고 쉽지 않은 도전에 작은 마음이라도 보탤 수 있도록 관계를 유지해야 한다.

"정말 필요할 때 왜? 내 주변에는 사람이 없지?"라고 말하는 사람들이 있는데 그것은 평소에 스스로 어떻게 했는지 생각해보면 알 수 있다.

인간관계는 단순히 하나의 이유로 연결되지 않는다. 다양한 과정에서 수많은 사건과 시간이 쌓여서 형성되는 것이 인간관계이기 때문에 한두 가지 이유로 언제든지 힘들 때 나에게 도움을 주겠지 라고 생각한다면 나중에 상처 입을 확률이 높다. 내가 준 것이 없으면서 받을 것을 생각하지 말고 평소에 전화나 안부 문자라도 한 통씩 보내고 나의 상황을 표현해야 정말 도움을 받을 시기에 서로의 관계가 끊기지 않고 유지될 수 있음을 명심하자.

요청하라!

사람과 사람을 연결하는 가장 빠르고 좋은 방법은 부탁하는 것이다. 아주 작은 것을 부탁했을 때 상대방의 반응을 보면 나와의 관계가 어느 정도인지? 알 수 있다. 아무것도 아닌 것처럼 쉽게 도움을 주겠다고 말하는 사람이 있는 반면에 정색하며 부담을 표현하는 사람도 있다. 둘 중에 누가 좋은 사람인가를 판단하라는 말이 아니다. 둘 모두 나에게 소중한 사람이지만 내가 평소에 후자에게는 신뢰를 주지 못했다는 것을 알아야 한다.

대부분 무리한 부탁이라 하더라도 듣고 나서 바로 거절하지 않는다. 만약 그렇게 바로 거절하는 경우라면 더 이상의 인간관계를 유지하고 싶지 않은 상태일 수도 있다. 그래서 평소에 사소한 부탁을 요청하는 습관을 가져야 한다.

부모님 생신에 가족들과 이용할 장소를 찾다가 아는 형님이 콘도 회원권을 갖고 있다는 것을 알게 되었다. 그래서 부담 없이 부탁을 했다. 이런 경우 흔쾌히 도움을 줄 수도 있고 혹은 부담스럽게 느끼며 거절할 수도 있다. 도움을 주셨다면 잘 사용하고 그만큼의 답례를 할 수 있는 기회를 얻게 된다. 또한 부담스럽게 거절했다면 쿨하게 괜찮다고 괜히 부담 드려 죄송하다고 예의 바르게 말씀드리면 된다.

전자의 경우 별것 아니지만 도움을 주었다는 만족감과 답례를 통해 인간관계를 돈독하게 할 수 있고 후자의 경우 부탁을 받은 사람 입장에서 괜히 도움을 못 줘서 미안하다는 마음을 갖게 만든다. 결국 아무것도 요청하지 않은 사람과 요청을 통해 앞서 얘기한 관계를 형성한 사람은 확실히 차이가 있다. 무례하게 불가능한 부탁을 하라는 것이 아니다. 인간관계란 결국 오고 가는 마음에서 형성되는 것이기에 평소에 요청하고 감사함을 전하는 습관이 필요한 것이다.

감사하라!

우리는 살아가면서 소중한 것을 잃어본 경험이 있다. 어렸을 때 키우던 병아리, 아끼던 장난감, 어머님이 사주신 예쁜 우산, 내 손때가 묻은 샤프 등 누군가에 소중한 기억과 함께 특별한 의미가 있는 것들을 잃어본 경험이 한두 가지는 있을 것이다.

사실 요즘같이 물건이 넘쳐나는 시대에 대단한 일이 아닐 수 있다. 그래서 과거에 비해 사소한 것에 대한 감사함을 잊고 사는 경우가 많다. 무엇인가를 이루기 위해 참 열심히 살지만 어렵게 이룬 것을 잃게 되었을 때 겪게 되는 아픔을 모르면 아무리 대단한 성취를 한다고 해도 감사할 줄 모를 것이다. 어떤 것을 성취하기에 앞서 지금 가지고 있는 것에 감사해야 한다.

일상생활에서 작은 것들에 감사하지 못하면 아무리 큰 성취를 한다고 해도 감동이 없다. 그리고 성취의 결과에 작은 도움이라도 준 사람들에게 감사할 줄 모른다면 그 이상의 도움을 받기도 힘들 것이다. 혼자 잘나서 되는 것은 하나도 없다. 자신이 가지고 있는 능력 이상의 것들을 성취하게 되는 이유는 주변에서 많은 사람들이 도와주었기 때문이라는 것을 잊어서는 안 된다.

작은 것 하나에 망하기도 하고 작은 것 하나에 크게 성공하기도 한다. 지금 내 주변에 소중한 사람들에게 항상 감사한 마음을 잊지 않고 표현하는 것이 중요한 이유다.

06

마음을 훔쳐라!

누군가의 마음을 얻는 것은 쉬운 일이 아니다. 특히 이해관계
가 복잡하거나 목적이 있는 만남의 경우에는 더욱 그렇다. 요즘
처럼 혼자 모든 것을 해결할 수 있는 혼술, 혼밥, 혼영이라는 문
화가 자리 잡히면서 인간관계의 최소화를 원하는 사람들이 늘어
나고 쉽게 마음을 열지 않는 상황이 되었다.

가족과 친척 사이에도 믿음이 부족하고 신뢰할 수 없는 사회에
서 전혀 관계없는 사람들이 관계를 맺고 도와주고 의지하게 되려
면 예전에 비해서 아주 많은 시간이 필요하다. 그렇기에 나를 믿
어주고 응원해주는 단 한 사람의 소중함이 정말 중요한 상황이
되었다. 마음을 함께하는 소중한 사람들에 감사하며 새로운 인
간관계에서 신뢰를 줄 수 있는 특별한 방법을 알아보자.

나부터 확신하라!

여러분은 자신을 얼마나 믿는가? 정말 잘 살고 있는지 무엇이든 장담하기 힘든 세상이지만 최소한 본인 스스로 자신이 하고 있는 일에 대해서 확신을 가져야 한다. 그렇지 못하면 어떠한 일도 성공할 수 없다.

생각하는 것 이상으로 많은 사람들이 자신의 판단에 믿음이 없다. 특히 "내가 잘 살고 있는가?"라는 질문에 자신 있게 답할 수 있는 사람들이 많지 않다. 무조건 자신의 결정을 우기라는 말은 아니지만 내가 살아가는 삶에서 스스로의 결정에 확신이 필요하다는 말이다. 어차피 중요한 선택 뒤에 결과에 대한 책임은 온전히 나의 몫이다.

좋은 아이디어로 사업을 시작한 사람이 있다. 아무리 좋은 아이디어라 해도 생각했던 수익구조를 만들어내지 못하면 실패한다. 시작은 그럴싸했지만, 투자를 받은 상태에서 계획대로 되지 않으면 사기꾼이 된다. 반면에 별것 아닌 일이라도 생각했던 것 이상으로 결과를 만들어내면 그 사람은 성공한 사업가가 된다.

처음부터 지점장이 된다면 서울 강남에서 하고 싶다고 수없이 말하고 다녔다. 지방에서 매니저를 하고 있던 내가 그렇게 될 것이라고 생각한 사람은 단 한 명도 없었다. 심지어 팀원들까지도 허황된 목표라고 말할 정도였다. 하지만 결과는 그렇지 않았다.

나를 믿고 열심히 노력한 결과 본사에서 프로젝트 매니저로 발탁됨과 동시에 강남에서 지점장을 하게 된다. 결국 시작의 문제가 아니라 결과에 따라서 모든 것이 평가된다.

결과를 만들어내는 것은 과정이고 그 과정에서 가장 중요한 것이 결과에 대한 확신이다. 일을 처리하는 과정에서 결과에 대한 확신 없이 좋은 결과를 만들어내기는 어렵다. 특히 그 일의 주체가 되는 자신의 믿음 정도에 따라서 결과의 크기가 달라진다. 얼마나 자신을 확신하는가? 자신을 믿어라! 그리고 그 일에 미쳐라! 반드시 잘될 것이다.

가족과 신뢰로 소통하라!

언제나 어렵고 힘든 일이 생기면 끝까지 내 옆을 지켜주었던 것은 가족이다. 수많은 사람들과 인연이 되어 관계를 맺고 살고 있지만 가족만큼 소중한 사람은 없다. 대부분의 사람들은 가족과 잘 살기 위해 일을 한다. 그런데 일하느라 가족들과 함께할 시간이 없다.

누구나 똑같은 목표로 일을 하지만 과정에서 가장 소중한 것을 잊고 사는 것이다. 모순이다. 특히 가족들이 반대하는 일을 하고 싶은 상황에 처하면 문제는 더욱 심각해진다. 그런 경험이 있다면 그것이 얼마나 고통스러운 선택인지 잘 알 것이다. 나는 정말 하고 싶고 확신을 갖고 시작하는 일이지만 사회적 인식이 좋지 않거나 당장의 결과가 눈에 보이지 않는 일인 경우에는 가족들에게 믿음을 주기가 쉽지 않다.

그래서 중요한 것이 소통이다. 사소한 생각까지 모두 공유할 수는 없어도 평소에 자신의 소신을 대화를 통해 지속적으로 설득할 필요가 있다.

평소에 내가 무엇인가 하려고 할 때마다 항상 가족들이 반대한다면 가족을 탓하기 이전에 자신이 지금까지 어떻게 살아왔는지를 돌아볼 필요가 있다. 아마도 그만큼의 신뢰를 주지 못했을 것이다. 결혼 이후 2~3개월 만에 잘 다니고 있던 BMW 딜러사를 그만두고 보험회사로 이직한다고 했을 때를 기억하면 잊을 수가 없다. 당연히 처음부터 자동차 영업사원이었던 사위의 모습도 자랑스러울 정도의 위치는 아니었을 것인데 그보다 힘들어 보이는 곳으로의 갑작스런 이직은 처가에서 더욱이 받아들이기 힘든 상황이었을 것이다. 그럼에도 지난 4년의 연애를 하는 동안 보여드렸던 모습에서 어느 정도 신뢰가 있었기에 어른들을 설득할 수 있었던 것 같다.

신뢰라는 것은 내가 한 말에 책임을 지는 것이다. 정말 하고 싶다고 시작했던 일 중에 생각한 만큼 얼마나 성취했는지를 기억해보자. 가족들이 충분히 반대할 만큼 내가 보여준 것이 없다면 지금이라도 바꿔야 한다. 한 번 말한 것은 작은 것이라도 꼭 지키려는 노력을 해야 한다. 쉽게 내뱉은 말 때문에 자신을 힘들게 하는 일은 없어야 한다. 사소한 것이라도 한 번 말했다면 최소한 지키려고 노력하는 모습이라도 끝까지 보여줘야 한다. 그리고 작은 약속도 어기지 않고 지켜내는 과정을 통해 신뢰를 쌓아야 한다.

▎팬심을 잊지 마라!

그냥 도와주고 싶은 사람이 있다. 항상 자신의 일에 최선을 다하는 사람, 미래가 있어 보이는 사람, 주위 사람들에게 좋은 기운을 주는 사람이다. 내가 그런 사람이 되었을 때 나에게 무한한 지지와 응원을 아끼지 않는 사람들이 생긴다. 그분들이 열혈지지자, 바로 팬이다.

과연 내가 그분들에게 무엇을 해주었는지 생각해보면 특별한 것이 없다. 아니 아예 없다. 그런데 아직도 나의 SNS에 '좋아요'와 함께 응원의 글을 쉴 새 없이 남기고 내가 하는 일정 하나하나에 기운을 북돋아 준다.

꼭 대단하거나 유명해져서 팬이 생기는 것은 아니다. 작게는 가족부터 친구 주변 가까운 사람들 중 유독 나를 위해 응원하는 사람들이 진정한 팬이다. 학생들은 칭찬하는 부모님의 말 한마디에 힘이 나고 더 열심히 공부한다. 이처럼 내 주변 내가 알고 있든 모르든 어느 곳에 분명 나를 지지하고 응원하는 단 한 사람은 있기 마련이다.

그 숫자가 늘어나거나 그분들에게 도움을 받기 시작하면 내가 해야 할 것이 무엇인지 분명해진다. 반드시 내 생각과 나의 행복이 우선이겠지만 그들을 위해 더 열심히 노력하고 사는 것이 삶에 얼마나 큰 에너지가 되는지 느껴본 사람들은 알 것이다.

하찮은 일에도 관심 가져주고 언제나 그 자리에서 응원해주는 사람들에게 실망을 주어서는 안 된다. 비뚤어지고 일탈을 하고 싶을 때, 모든 것을 포기하고 싶을 때, 심지어 삶을 놓고 싶은 순간에도 우리는 한 번 더 그들을 생각하게 된다.

반대로 내가 그렇게 좋아하는 사람이 지금 얼마나 힘든 고통의 시간을 보내고 있을 것인지 생각해보면 우리는 주변에 그런 사람들에게 어떻게 말을 해야 할지 답이 나올 것이다. 힘든 것도 한때이고 잘 나가고 성공하는 것도 한순간이다. 무엇이든 계속 잘되는 것도 계속 안 되는 일도 없다. 내가 힘들 때 주변에서 따뜻한 말 한마디가 그리웠다면 지금 내가 그렇게 따뜻한 말 한마디 건넬 수 있는 사람이 되라. 그 이상 좋은 투자는 없고 봉사는 없다. 지금까지 수많은 어려움을 이겨낼 수 있도록 도와준 분들이 참 많다. 그때마다 내 상황에서 본인 이야기처럼 들어주고 지원군이 되어준 사람들에게 진심으로 감사드린다.

절대 있지 말자! 항상 나에게 작은 마음이라도 써준 팬들에게 그들이 생각한 것 이상으로 성장할 것이라는 확신을 주고 함께 힘이 되는 사람으로 지금 순간에 최선을 다하며 살자.

나보다 더 나를 사랑하는 사람들을 만들어라!

모두는 아니어도 대부분 누구나 유명해지고 인기 있는 사람이 되고 싶어 한다. 그리고 주변에 누군가 나보다 못한 사람이 그렇게 되면 속상하거나 시기하고 질투심이 생길 때도 있다. 하지만 그렇게 자신의 인지도를 높이고 어느 정도 인생의 목표를 성취한 사람들의 특징이 있다. 혼자 잘나고 노력해서 그 자리에 간 것이 아니라 주변에 항상 함께해준 좋은 사람들이 있었기 때문이다.

한 사람의 스타가 만들어지기까지 수많은 희생과 노력이 필요하다. 운이 좋아서 쉽게 그렇게 되는 경우는 아주 드물다. 그래서 내 주변에 함께하고 있는 분들이 얼마나 소중한지 깨달아야 한다. 한때 잠시 같이 했었고 지금은 너무 유명해져서 함께 시간 보낼 수 없을 만큼 바빠진 사람들을 보면서 부러워만 하지 말고 그들이 성공하게 도와준 주변의 사람들을 잘 관찰해보자.

그냥 이루어지는 것은 없다. 나보다 더 나를 사랑하는 사람들이 얼마나 많이 도와주고 마음 써주었겠는가!

내가 그런 사랑과 응원을 받을 만큼 제대로 살고 있는지 늘 생각하고 사는 사람들은 당연히 평범한 사람들에 비해 더 노력할 수밖에 없고 최선을 다할 수밖에 없다. 일반 보통사람들은 시켜서 하는 일도 제대로 소화해 내기 힘든 경우가 많다. 하지만 이렇게 어느 정도 성취한 사람들은 끊임없이 자신을 돌아보고 관리할 수 있도록 도와주는 주변의 사람들에 의해 만들어지는 경우가 더 많다.

"사람이 온다는 것은 엄청난 일이다."라는 말이 있다. 한 사람이 나에게 마음을 준다는 것은 정말 대단한 일이다. 그 소중한 마음에 상처를 주거나 실망을 주기보다 그 마음이 옳았다는 것을 증명해가는 과정에서 더욱 성장하는 자신을 발견할 때 결국 더 큰 성취력을 갖게 되고 성장하게 된다.

지금 첫 책을 출간하면서도 마찬가지다. 책을 통해 단 한 명의 인생에 작은 도움이라도 줄 수 있다면 그것으로 성공한 것이다. 그 결과가 다음 책으로 이어지고 그 인연으로 마음을 나누는 사람들이 자연스럽게 늘어나면 지치고 어려울 때 힘이 되어주는 서로가 될 것이라 확신한다.

07

모두 다 줘라!

대부분의 사람들이 자신의 노하우를 숨기려 하거나 자신만의 정보라고 착각하고 노출을 꺼려 하는 성향이 있다. 하지만 요즘같이 새로운 것이 하루에도 수없이 만들어지는 시대에 자신만의 노하우나 자신만의 정보는 존재하지 않는다. 단지 지금 순간에는 그렇게 느껴지고 그것이 자신만의 것처럼 생각할 수도 있지만, 시간이 조금만 지나도 그것은 더 이상 그만한 가치가 없는 경우가 더 많다.

숨기지 말고 아끼지 말아야 한다. 공유하고 나누는 만큼 새로운 것으로 채워지는 시대이다. 아낌없이 나누고 언제든지 필요하면 찾을 수 있는 사람이 되어야 더 큰 것을 성취할 수 있다.

주는 만큼 받는 세상

강사 일을 하면서 같은 업계의 많은 강사들을 만나게 된다. 대부분 자신의 영역에서 최고라고 자부하며 자신만의 강의 자료와 교수법을 소중하게 생각하는 경우가 많다. 하지만 어느 좋은 강의 자료를 구했다고 그 강사가 가지고 있는 고유의 영역을 똑같이 복사할 수는 없다. 심지어 자신이 사용하는 내용을 그대로 강의에 사용하지는 않을까 걱정하는 사람들도 있지만 실제로 그렇게 사용할 수 있는 경우는 아주 드물다. 남의 자료는 참고의 대상일 뿐이지 자신이 쌓아서 만들어온 내용이 아니면 결국 큰 호응을 얻지 못하고 흉내만 내고 강평은 강평대로 형편없이 받는 경우가 많기 때문에 굳이 구할 필요도 아낄 필요도 없다.

친한 선배 강사 중에 『에너지 스타』의 저자 곽동근 소장이 있다. 이분은 자신의 강의 방법을 누구나 배울 수 있게 제공한다. 탁월한 강의력으로 동료 강사들에게 강의 천재라는 별명을 가지고 있음에도 자신의 노하우와 교수법을 원하는 사람들을 위해 공개강좌를 열어서 본인의 다양한 강의 기술을 나누고 있다. 일명 "곽동근처럼 강의하라."라는 이 강의는 항상 많은 강사들에게 인기를 얻으며 분기별로 1회 정도 진행되고 있다.

이처럼 자신의 노하우를 나누는 사람은 항상 새로운 노력을 할 수밖에 없고 성장하게 된다. 그래서 언제나 최고의 자리를 지킬 수 있다. 그렇지 않은 일반적인 강사들은 혼자만의 세상에서 나오지 못하고 어느 순간 공감을 얻지 못하고 사라져가는 것을 볼 수 있다.

비단 강의 업계만 그런 것은 아니다. 세일즈를 할 때도 자신만의 노하우라고 보여주지 않고 혼자 영업하는 사람들이 있었다. 그 사람들도 결과는 마찬가지다. 세상은 나눠주는 만큼 얻게 되어있고 주는 만큼 받는다. 무엇인가 성취하려면 내가 가지고 있는 것을 나눌 수 있어야 한다.

나눌 수 있는 재능을 키워라!

무엇인가를 나누기 위해서 특별한 재능이 필요한 것은 아니다. 가까운 보육시설이나 호스피스 병동에 가서 청소를 하는 정도의 소일거리를 하는 것은 대단한 기술이 필요한 것이 아니기 때문이다. 하지만 조금 더 의미 있는 나눔이 되려면 누구나 쉽게 할 수 있는 일보다는 자신이 지금까지 살면서 쌓아온 재능을 나누면 좋다. 성취감을 스스로 느낄 수 있는 좋은 기회가 되기 때문이다. 나는 일상에서 별것 아닌 일이지만 그렇게 제공된 작은 봉사가 누군가에게 아주 큰 힘이 되는 경험을 많이 한다.

금융회사에 10년 넘게 일하면서 수많은 사람들과 상담을 했다. 사실 관련 재테크상담을 하게 되면 시간당 상담료를 적지 않게 받기도 한다. 하지만 자립을 준비하는 시설의 아이들에게 내가 들려주는 경제 이야기는 돈으로 따질 수 없는 가치가 있다.

경기도는 결손 가정과 보육시설 학생들을 대상으로 고등학교를 졸업하기 이전 일정 기간 동안 성인이 된 이후 경제적 자립을 할 수 있도록 돕는 프로그램을 지원하고 있다. 이 프로그램에 출강하는 것은 강사료의 문제가 아니다. 강의 일정도 마찬가지이다. 어떤 일정보다 우선 출강을 하고 있다. 내가 지금까지 금융업에 종사하며 쌓아온 재능을 가장 가치 있게 사용하는 방법이다. 최근에 대부도 청소년 수련원에서 진행했던 프로그램에서 강의가 끝나고 한 학생이 따라와서 너무나 진지하게 삶에 대해서 어떻게 버텨야 할지 모르겠다고 상담을 요청했고 짧은 시간이지만 그 학생의 상황에 맞는 작은 도움을 주고 용기를 북돋아 주었다.

내가 할 수 있는 작은 나눔이 한 사람의 인생을 바꿀 수 있을 만큼 중요한 곳에 사용될 수 있다는 것에 감사한다. 먹고 살기 위해서 더 나은 삶을 위해서 나름 열심히 살다 보니 어느 순간 좋은 곳에 사용할 수 있는 재능을 키우게 된 것이다.

언제든지 시작할 준비를 하라!

아직은 별것 없어서, 아직은 완전하지 않아서, 마무리가 되질 않아서 도와줄 수 없다고 말한다. 그렇지 않다. 별것 아닌 것은 별것 아닌 데로 완전하지 않은 것은 불완전한 대로 그 나름의 도움이 필요한 곳에 도움이 된다. 하지만 대부분 아직 준비가 되질 않아서 어떤 기회가 왔을 때 잡을 수 없다고 말하는 사람들이 있다. 그렇지 않다. 실력이 100% 완벽해질 때까지 기회가 기다려주지 않는 것을 알아야 한다.

가끔 이런 얘길 듣는다. 친구 따라서 오디션을 갔는데 합격했다거나 별다른 생각 없이 그냥 한 번 지원했다가 뽑혔다는 이야기이다. 누군가 도움을 요청하거나 기회를 줄 때는 무조건 도전하라. 그래야 지금 미흡한 점도 알게 되고 부족한 것을 채우려는 노력도 더하게 된다. 나도 모르게 운 좋은 기회에 생각지 않은 결과도 언제든지 마음의 준비가 되어있는 사람에게 주어진다.

청주에서 지점장으로 처음 발탁되고 지역을 결정할 상황이 되었을 때 생각하지 않았던 기회가 왔다. 위에서 언급했던 그 일이다. 강남에서 지점장을 할 생각이 있느냐고 본사에서 전화가 온 것이다. 평소에도 수없이 말하고 다녔던 강남 지점장의 기회였다. 짧은 순간 고민도 하지 않고 하겠다고 했다.

지금 지나고 생각해보면 정말 잘한 결정이었다. 당시 함께 일하던 동료들에게는 미안한 일이지만 지금 생각해보면 그들을 위해서도 잘한 결정이었다. 특히 항상 나의 성공을 위해 마음을 아끼지 않으셨던 전임 지점장님과는 그 결정으로 인해 지금까지 큰 문제없이 사이좋게 지낼 수 있었다. 누구나 기회는 온다. 하지만 그 기회를 바로 잡아서 무엇인가를 성취하는 사람은 드물다.

장고 끝에 악수를 둔다는 말이 있다. 쓸데없는 고민보다는 나에게 주어진 상황에 언제든지 무엇이든 시작할 수 있는 준비가 되어있어야 한다.

항상 곁에 두고 싶은 사람이 되라!

이상하게 같이 있으면 싫은 사람이 있다. 반대로 크게 도움되는 것이 없으면서도 함께하면 좋은 사람이 있다. 나는 어떤 사람인가?

새로운 일이 시작되었을 때 찾는 사람인지 아니면 찾지 않는 존재감 없는 사람인지 생각해봐야 한다. 모든 사람에게 잘하려는 사람 중에 후자의 경우가 많다. 세상에는 나를 좋아하는 사람과 나를 싫어하는 사람 그리고 나를 기억하지 못하는 사람으로 나뉜다. 사람마다 자신과 맞는 사람이 있다. 그 사람들과 어떻게 지내는지 돌아보라. 필요 이상의 인간관계로 힘들어할 필요는 없다. 새로운 인연을 찾기보다는 지금 함께하고 있는 사람들에게 좋은 사람이어야 한다. 그러면 자연스럽게 더 좋은 인연은 따라오기 마련이다.

　신촌대학교라는 대안대학교에서 강의를 하면서 알게 된 동기부여 전문가로 '동전'이라는 별명의 김동석 작가가 있다. 그분을 통해서 나는 곽동근 소장이 운영하는 '에너지클럽'이라는 모임에 함께하게 되었고 그곳에서 만난 『여자인생의 판을 바꿔라』의 저자 이은주 작가님과 국책지원 교육 사업을 같이하고 지금 이렇게 작가가 될 수 있도록 조영석 소장님의 성공 책쓰기 수업도 소개받았다.

　단 한 명의 인간관계에서 나는 기적과 같은 만남을 어어 가고 있다. 누군가에게 함께하고 싶은 사람으로 인식되는 것 항상 곁에 두고 싶은 사람이 되는 것은 중요하다. 단순히 인기가 있어서 유명세를 타서가 아니라 지금 함께하는 사람들에게 진심을 다하고 도움을 줄 수 있는 사람으로 인식되려는 노력이 필요하다. 생각보다 쉽게 성취하는 것들은 모두 함께하고 있는 사람으로부터 시작된다.

6강

성취력을 키워라!

01

하나만 골라라!

먹고 싶은 것, 가지고 싶은 것, 가고 싶은 곳을 적어보라. 평소에 생각하지 않았다면 적는 것이 쉽지 않다. 그래서 일상 속에서 떠오를 때마다 메모해놓는 것이 좋다. 그중 가장 하고 싶은 것이 무엇인지? 하나만 골라보자! 그리고 그것을 성취하기 위해 해야할 일들을 기간에 따라서 나눠보자. 그러면 오늘 할 일이 정리될 것이다. 그리고 매일 반복해서 지속적으로 할 수 있는 시간대와 실행 가능한 목표를 정하는 것이 필요하다.

어제와 같은 생활 속에 하나의 작은 일정을 추가하고 그것이 자리 잡힐 때까지 꾸준히 한다. 그냥 평소와 다른 생활이 아니다. 갑작스런 계획으로 크게 변화된 일정을 세우고 자신의 생활패턴을 바꾸거나 힘들게 할 필요는 없다. 그냥 한 가지를 골라서 자신도 모르는 사이 생활 속에 살며시 스며들게 하는 작은 목표가 필요하다.

생각은 지나가도 메모는 남는다

대부분 좋은 생각은 그때뿐이다. 잠깐 다른 일에 몰입하다 보면 잠시 전 좋은 아이디어는 커피 향처럼 사라진다. 그래서 중요한 것이 기록하는 것이다. 무엇이든 떠오를 때마다 적고 하나의 퍼즐 조각으로 저장해둬야 한다. 그 조각들을 모아서 퍼즐을 완성해야 할 때 찾아보고 사용하면 된다.

어떤 좋은 경험도 그 순간을 기억으로 남기기는 쉽지 않다. 그럴 때 사진과 함께 글로 정리해놓는 것만큼 좋은 방법은 없다. 예전처럼 꼭 종이에 적거나 메모장이 필요한 것은 아니다. 휴대폰의 메모앱을 사용하거나 SNS를 활용해도 좋다. 꼭 공개를 할 필요도 없다. 우선 적어놓고, 찍어놓고 비공개로 저장해두었다가 다시 열어볼 수 있기만 하면 된다.

쌓이는 것은 대단한 힘을 발휘한다. 처음부터 대단한 결과를 예상하고 시작한 일들보다 그렇지 않은 것 중에 크게 잘 되는 경우가 더 많다. 단지 생활 속에서 별것 아닌 단순한 일을 반복했을 뿐인데 우리는 달인의 경지에 도달한 사람들도 보곤 한다. 반복과 지속의 힘은 말하지 않아도 다 알고 있다. 하지만 일상에서 실천하는 것이 어렵다. 그래도 그중에 가장 쉬운 것이 바로 지금의 느낌과 생각을 적어 놓는 것이다. 메모가 모여서 책이 되고 작은 것들이 모여서 큰 결과물을 만든다. 성취라는 것이 결국 작은 결과물들이 모아져 만들어지는 것이기 때문에 평소에 떠오르는 좋은 생각들을 반드시 적어서 기록해야 한다. 한 가지를 정했다면 그것을 성취하기 위한 메모를 시작하자.

뇌가 속을 만큼 좋은 결과를 상상하라

레몬을 먹는 모습만 보아도 침이 나온다. 실제 행동으로 하지 않아도 뇌는 그 경험을 바탕으로 반응하게 되어있다. 24시간 쉬지 않는 것이 뇌이다. 뇌는 늘 쉬지 않고 일하지만 단순해서 얼마든지 속이는 것이 가능하다. 평소에 사실인 것처럼 상상한 내용을 반복해서 믿다 보면 그것이 사실인 것으로 착각할 수도 있다. 그래서 보고 생각하는 것이 그만큼 중요하다. 뇌는 그렇게 믿는 것에 속기 때문이다.

많은 사람들이 과거에 지나간 일을 후회하거나 일어나지 않은 일을 걱정한다. 그럴 필요가 없다. 어차피 지나간 것은 돌이킬 수 없고 앞으로 일어날 일은 지금부터 잘 준비하면 되기 때문이다. 가급적 긍정적인 생각으로 좋은 결과만 상상하고 당연히 그렇게 될 것처럼 여기면 반드시 그렇게 될 것이다.

삼성생명에서 매니저를 할 때였다. 우리 팀은 전국순위에서 19

위 정도를 하고 있었고 누가 봐도 순위 안에 들어서 수상하기 어려운 상황이었다. 하지만 끝까지 포기하지 않고 방법을 찾으려고 노력했다. 그리고 팀원들과 매일 아침 우리는 할 수 있다는 자신 감을 장착하고 이룰 수 있는 방법에 대해서 고민했다. 주변의 일부 사람들은 우리를 정신 나간 사람들처럼 취급까지 했다.

시간이 지나도 좋은 결과를 얻기는 더욱 어려워 보였다. 하지만 다시 방법을 찾고 모두가 함께 최선을 다해 노력했다. 다양한 방법을 고민하고 시도하고 또 노력했다. 그때 생각하지 않았던 곳에서 좋은 결과가 나왔다. 우리가 예상했던 방법, 가능성이 높았던 곳이 아닌 전혀 다른 곳에서 생각지 않은 좋은 성과를 이룰 수 있었다. 결국 우리는 전국에서 9위를 달성했고 팀이 만들어진 지불과 6개월 만에 수상의 영예를 누리게 되었다. 뇌가 속을 만큼 좋은 결과를 상상하는 것은 너무나 행복한 일이다.

하나가 자리 잡히면 다음 하나를 골라라

새로운 것이 어느 정도 생활 속에서 자리가 잡히면 다음 도전할 것을 정해야 한다. 무리하게 시도하는 것이라 생각할 수도 있겠지만 절대 그렇지 않다. 처음 하나를 시작할 때는 너무 힘들고 적응되지 않았던 일들이 일상에 스며들고 자리 잡혀가는 과정을 잘 보면 또 다른 하나를 시작해도 그 역시 얼마든지 가능하기 때문이다.

누군가는 절대 불가능하다고 말하는 것을 누군가는 너무 쉽게 하는 경우를 본다. 결국 마음의 문제이고 시도의 차이일 뿐이다. 모두에게 삶이 주어지는 시간은 비슷하다. 평균수명을 기준으로 똑같은 시간이 주어짐에도 불구하고 인생의 결과는 너무나 차이가 난다. 그 모든 것이 생각의 차이에서 시작된다.

지인 중에 1년에 한 가지 취미를 집중적으로 배우는 분이 있다. 처음 1년은 마라톤을 시작해서 거의 매일 쉬지 않고 뛰었고 2년 차에는 색소폰을 배우고 3년 차에는 스포츠 댄스를 배웠다. 이런 식으로 10여 년의 시간을 보낸 결과 그분의 삶은 풍요로워졌고 즐겁게 시간 보낼 수 있는 다양한 취미를 갖게 되었다고 한다.

첫해에 마라톤을 할 때야 마라톤에 집중했겠지만 둘째 해에 색소폰을 배울 때에는 어떠했겠는가? 당연히 마라톤을 전년처럼 매일 하지는 못했지만 감을 잃지 않고 즐길 수 있는 체력을 유지하기 위해 정기적으로 달리기를 하셨다고 한다.

결국 새롭게 배우는 무엇인가에 전체 에너지의 50%를 투자한다면 나머지 50%는 기존에 진행했던 것들에 적절히 시간을 나눠서 관리한 것이다. 언제나 새로운 일을 시작할 때면 바쁘다는 말로 주저하는 경우가 많다. 하지만 기존에 하던 것과는 별개로 얼마든지 시작하면 또 그만큼의 결과를 만들어낼 수 있다. 하나가 자리 잡히면 다음 하나를 고를 수 있도록 미리 준비해야 한다.

완벽한 마무리가 필요하다

시작해 놓고 결과물 없이 그만두거나 중간에 흐지부지 포기하는 경우가 있다. 결코 그래서는 안 된다. 평생을 시작만 하고 성취한 것이 없을 수도 있기 때문이다. 주위에 이런 사람들이 꼭 있다. 집에서 운동하겠다고 런닝머신이나 사이클을 구입하고 옷걸이나 빨래 말릴 때 사용하는 분들, 유니폼과 신발 장비 일체를 구입하고 제대로 한 번 착용도 못하고 그만두는 사람들이다. 무엇이든 시작과 끝이 가장 중요하다. 앞서 언급했던 새로운 시작과는 별개로 한 가지 성취하겠다고 시작한 일에 대해서는 꼭 마무리를 지어야 한다. 목표했던 수준을 시작할 때 명확히 해야 마무리할 때 좋다. 수치화하고 정량화할 수 있는 목표 설정이 우선되어야 한다. 그래야 마무리가 깔끔하고 완벽해진다.

만약 2030년에 서울에서 아파트를 사겠다고 목표를 정했다면 정확하게 분양을 받는 것인지? 입주를 하는 것인지? 또는 12월인지? 1월인지? 명확해야 하는 것이다. 수영을 시작했다면 마스터 반에 들어갈 때까지가 우선 목표, 피아노를 시작했다면 특정한 곡을 완주할 때까지라든지. 무엇인가 목표가 명확해야지만 마무리도 완벽하게 할 수 있다.

대나무에 마디가 있어서 높게 자랄 수 있듯이 어떤 일을 시작하고 마무리할 때에는 확실하게 매듭을 지어주지 않으면 다음 새롭게 시작하는 일에도 지장을 줄 수밖에 없고 결과에 만족하지 못하고 결국 포기와 비슷한 상황이 연출될 수도 있다는 것을 명심해야 한다. 성취는 온전히 완성했을 때의 결과를 만족하며 느끼는 것이지 대충 끝내놓고 느낄 수 있는 것은 아니다.

02

성취한 것만 생각하라!

지난 시간을 돌아보면 누구나 자신 스스로가 대단하다는 생각을 하게 될 것이다. 참 많은 어려운 상황들을 이겨내고 현재의 모습이 되기까지 쉽지 않은 시간을 잘 이겨냈다. 그런데 앞으로 해결해야 할 일들을 생각하면 가슴 답답한 마음에 울컥할 수도 있다.

모든 이치가 그런 것 같다. 지나고 나면 별것 아니지만 사실 당시에는 정말 힘들고 고민 많았던 일이 대부분이다. 앞으로 일어날 일 또한 그럴 것이다. 잘 될 일도 안 좋은 일도 그 나름의 상황에 맞게 잘 지나가고 해결될 것이지만 그 순간만큼은 걱정이 앞설 수밖에 없는 것이 현실이다. 그래서 가끔 힘들고 지칠 때면 지난 시간을 돌아볼 필요가 있다. 세상에 그냥 얻어지는 것은 하나도 없다. 모든 것들이 대가를 치러야 하고 시간이 걸리기 마련이다.

1년에 내세울 만한 한 줄은 만들어라

경험도 좋고 이력서에 넣을 만한 주요한 경력도 좋다. 한 해를 보내면서 최소한 누구나에게 말할 수 있는 자신만의 이력 한 줄은 만들어야 한다. 실패했다면 실패한 대로 성공했다면 그 성과를 한 줄로 잘 정리해서 표현할 수 있어야 한다. 아무리 좋은 결과물을 만들어 냈다고 해도 혼자만 알고 있는 내용은 쓸모가 없다.

지난 시간을 정리해보면 분명 잘될 때와 잘 안될 때가 있다. 그렇다 하더라도 최소한 1년의 시간을 보내고 한 줄의 성과도 쓸 것이 없다면 문제가 있는 것이다. 결국 내가 지나온 흔적이 이력이고, 혹 이력이 전부는 아니어도 스스로에게 주는 상처럼 관리를 잘해야 한다. 그것들이 쌓여서 내 성취력을 결정한다.

새해가 되면 많은 사람들이 계획을 세운다. 그리고 의지에 불타서 다양한 시도를 시작한다. 하지만 많은 사람들이 3~4월이 지나면서 포기하거나 목표를 수정한다. 특히 단골 메뉴로 등장하는 것이 금연이다.

흡연하는 사람들이 갑자기 담배를 끊는다는 것이 얼마나 어려운지 잘 알고 있다. 많은 사람들이 금연을 포기하는 이유는 잘 버티다가 한순간에 유혹에 넘어가 담배를 한 대 피웠다는 이유로 지금까지의 노력을 날려버리고 자포자기한 채로 다시 흡연을 하기 때문이다. 무의식중에 습관이 나와서 술자리나 식사 후에 다시 흡연을 하였다고 해도 절대 포기하면 안 된다. 그것은 결국 이유를 만들고 핑계를 만드는 과정일 뿐이다. 한두 개비 담배를 다시 피웠다고 하더라도 그 순간 이후부터 또 금연하면 된다.

연속성의 기준을 간헐적으로 적용해도 된다. 꼭 지속적으로 끊어야만 금연에 성공한 것이 아니기 때문이다. 마찬가지이다. 새해 계획을 세우고 중간에 몇 번의 고비가 왔을 때 어떻게 행동하느냐가 결국 1년의 결과를 좌우하는 것이다. 최소한 1년 단위로 누구나에게 자신 있게 자랑할 수 있는 만큼의 성과를 하나쯤은 만들어보는 노력을 해야 한다.

시작은 모두 작은 것이다

'티끌 모아 태산'이라는 말이 있다. 성취력도 마찬가지다. 작은 결과를 달성하는 과정에서 그 것들이 쌓여서 큰 성과를 만들어내는 것처럼 사소한 목표에 연연해야 한다. 작은 것에서 포기하기 시작하면 결코 큰일도 성공할 수 없다.

특히 이 정도는 괜찮겠지 하는 작은 방심에서 모든 사고가 시작된다. 큰 사고도 작은 방심에서 시작된다는 것을 기억해야 한다. 결국 작은 것에서의 태도가 모든 결과를 좌우하게 된다.

스스로 한 번 체크해보자. 평소에 사소한 것을 대하는 나의 마음가짐이 어떠한지. 잘되는 사람은 잘되는 이유가 있고 안 되는 사람은 안 되는 이유가 있기 마련이다.

아침에 일찍 일어나는 것, 누구보다 약속 장소에 먼저 도착하는 것, 엘리베이터나 자동차에 탑승하고 하차할 때 양보하고 배려하는 것, 버스 기사님께 반갑게 인사하는 것, 하루에 한 가지 이상 좋은 일 하기, 감사 일기 쓰기, 가족들에게 사랑한다고 말하기, 자신에게 칭찬하기 등 보기에는 크게 중요하지 않은 별것 아닌 일들일 수 있다. 하지만 삶의 태도가 어떤가에 따라서 결과는 확실히 달라진다.
결정적인 순간에는 나도 모르게 몸에 배어 있는 행동 하나가 중요한 결정을 하는 요소가 됨을 기억하자.

주변에 성취자를 관찰해보자

제일 쉬운 방법이 잘되는 사람들을 관찰하는 것이다. 이렇게 자기계발서에 나와 있는 이야기도 좋고 주변에 한 분야에서 성공한 사람들을 찾아가서 이야기를 들어보는 것도 좋다. 그 안에서 내가 할 수 있는 것을 정리해야 한다.
사람은 각자가 할 수 있는 역량이 다르다. 무조건 따라 하는 것은 포기를 재촉할 수도 있기 때문에 내가 실천할 수 있고 현실적으로 가능한 부분만 정리해서 따라 해보거나 나의 현실에 맞게 조금 변형해서 시도해보는 것이 필요하다.

절대로 무조건 따라 하다가 포기하는 일은 없어야 한다. 공부 잘하는 친구들을 관찰해보면 그 친구의 노하우를 알 수 있지만 내가 따라 하기에는 맞지 않는 경우와 같다고 보면 된다. 그래서 중요한 것이 멘토이다. 두 명의 멘토가 필요하다. 아주 높은 수준의 성과를 낸 멘토와 가까이에서 조언을 구할 수 있는 멘토 꼭 두 명이 필요하다. 방향성은 전자의 멘토에 두고 노력을 하더라도 중간중간 조언을 구할 수 있는 사람이 꼭 필요하다.

혼자 무엇을 성취하는 것이 쉽지는 않다. 외롭기도 하지만 과정에서 흔들릴 때 잡아줄 수 있는 사람이 필요하다. 그런 역할을 해줄 수 있는 멘토를 통해서 자신의 상황을 점검하고 그분은 그런 상황에서 어떻게 슬기롭게 대처했는지를 참고하면 조금 더 쉽게 원하는 목표에 도달할 수 있다. 혼자 가면 힘들지만 함께하면 생각보다 쉬울 수 있음을 기억하고 주변에 성취자를 관찰하고 도움을 요청해보자.

성취하게 될 결과를 상상하자

아주 구체적인 상상이 필요하다. 뚜렷한 목표만큼이나 성취했을 때 어떤 상황이 될 것인지에 대한 명확한 결과에 대한 보상을 상상해보자. 지금의 고생은 행복한 고민이 될 것이다.

과정에서 오는 고통과 어려움만 생각하다 보면 결국 지쳐 포기하는 경우가 많다. 하지만 흔들림 없이 본인이 원하는 결과를 만들어낸 사람들을 보면 그들은 지금의 장애물과 실패를 즐기기까지 한다. 그럴 수 있는 여유는 확실한 목표와 결과에 대한 확신을 갖고 있기 때문이다.

지금 가는 길이 옳고 이대로만 하면 확실히 원하는 곳에 도달할 수 있다는 확신이 있는 사람은 절대 흔들리지 않는다. 그 결과물이 어떠할 것인지 아주 구체적으로 정리하고 상상하라! 지금은 힘들더라도 결과를 위한 당연한 과정임을 생각하는 순간 행복한 확신을 갖게 될 것이다.

기타를 하루에 8시간씩 매일 연습하는 연주자가 5년 뒤 10년 뒤에 어떻게 될까? 결과는 정해져 있는 것이다. 단지 누구나 알고 있는 이 쉬운 방법을 실천하지 못할 뿐이다. 하루 8시간을 몰입해서 연습한다는 것은 보통 어려운 일이 아니기 때문이다. 하지만 본인이 무대 위에서 공연할 때 관객의 환호와 기타 연주 동영상의 조회수와 반응을 상상해보라. 지금 하고 있는 노력은 그

달콤한 순간을 위해 꼭 필요한 과정일 뿐이다. 그리고 즐겁게 받아들일 수 있을 것이다.

　자신이 원하는 것을 얻기까지 일어나는 많은 고통은 즐기는 것이 될 수 있다. 힘들 때마다 어려움에 닥칠 때마다 성취하게 될 결과를 조금 더 구체적으로 상상하자.

03

성취력을 체크하라!

나의 능력이 부족하다면 채워야 한다. 방법은 두 가지이다. 시간을 더 투자하거나 요령을 배워야 한다. 자신이 감당할 수 없는 능력 밖의 목표를 정하고 노력하는 것은 좌절과 실망을 결정하고 시작하는 것과 다를 바 없다. 냉정하게 자신의 성취력을 체크해봐야 한다. 평소에 아침에 일찍 일어나는 것과 친구들과의 약속 시간 지키는 것조차 힘겨워하는 사람이 하루에 3~4시간 자면서 무엇인가를 해보겠다고 뛰어드는 것은 무모한 일이다.

주변의 사람들에게 내가 어느 정도로 인식되고 있는 사람인지 물어보고 자신이 지금까지 이뤄냈던 것들을 한 번 정리해서 써보자. 지금 도전하고 있는 것이 가능할 만큼의 의지를 장착하고 있는지 어느 정도 확인이 가능할 것이다.

성취도를 자가 평가해보자

자신을 과대평가하는 사람들이 생각보다 많다. 긍정적인 것과 자신의 능력을 과신하는 것은 전혀 다르다.

처음부터 안 될 일을 무모하게 도전하는 것은 아닌지 조금 낮은 목표부터 준비해서 하나씩 올라갈 것인지 스스로 체크해봐야 한다. 그렇다고 무조건 안 된다는 말은 아니다. 무엇이든지 도전하고 노력하면 안 되는 일이 있겠는가! 단지 똑같은 성취의 과정에서 효과적인 방법을 찾아보자는 것이다. 너무 지치고 힘들게 도전했다가 일찍 포기하게 되면 다음 도전의 에너지도 잃게 되는 경우가 많기 때문이다. 그래서 냉정하게 자신의 성취도를 체크해보는 것은 아주 중요하다.

모든 일에는 순서가 있다. 그리고 단계가 있다. 한 번에 대박을 꿈꾸는 사람들이 많지만, 그것보다 현실적이고 쉬운 방법이 오늘에 충실한 것이다. 순서대로 천천히 올라가면 되는 길을 무리하게 뛰어가다가 넘어질 필요는 없지 않겠는가!

지금까지 도전했던 다양한 것들을 종이 한 장에 다 써보고 그것들을 위해 한 노력들도 한번 다 써본다. 그 결과 성취한 것도 모두 써본다. 어느 분야에서 좋은 결과가 있었는지 어느 정도 확률로 목표한 것을 이루었는지 꼼꼼히 챙겨볼 필요가 있다. 생각보다 높지 않은 성공확률이라면 자신의 성취도가 높지 않은 현실을 인정해야 한다. 그리고 낮은 목표부터 다시 설정하고 하나씩 이뤄 나갈 필요가 있다.

오늘은 내일의 결과이다

과정 없는 결과는 없다. 소원을 뭐든지 들어준다는 도깨비 방 망이나 지니의 요술램프 같은 것은 현실 세계에 없다. 운 좋게 생 각보다 쉽게 주위의 도움으로 한두 번 비슷한 경험을 할 수는 있 어도 매번 그럴 가능성은 거의 없다. 결국 오늘 내가 어떻게 살고 있는지가 결과를 결정할 뿐인 것이다. 하지만 대부분 과정 없이 결과를 얻기를 원한다. 그러다 보니 쉬운 방법, 편법을 찾게 되고 그 결과 문제가 된다.

세상에 공짜는 없다. 그만큼의 대가를 치르게 되어있다. 반드 시 한 단계씩 밟고 올라가자. 그래야 소중함도 알게 된다. 쉽게 얻은 것들 대부분은 쉽게 잃기 마련이다.

하루에 정해진 목표가 있었다. 전화 10통, 손편지 3통, 미팅 3 회. 이것은 과정일 뿐이다. 결과는 당연히 따라오게 되어있다. 어 느 순간 나는 판매왕이 되어있었다. 전화로 먼저 연락 오는 상담 만으로도 스케줄이 바빴다.

세상은 생각보다 공정하다. 내가 한 노력만큼만 주어진다. 오늘 영어단어를 10개씩 외우고 2문장씩 공부한다고 가정하자. 1년, 2년 해가 거듭되면 어떤 변화가 일어나겠는가? 기다리지 않아도 결과는 정해져 있는 것이다.

우리는 세상의 진리를 알지만 실천하지 않고 쉽게 하는 방법만을 찾고 있다. 세상에 그런 것은 없다. 오늘 지금 순간을 어떻게 보내는지에 따라서 결과는 자연스럽게 정해져 있다. 오늘이 과거의 결과인 것처럼 결국 오늘은 내일의 결과를 정할 뿐이다.

성취력을 높이자

시험 직전 초인적인 능력을 발휘하는 자신을 경험한다. 평소 부족했던 공부를 몰아서 하는 과정에서 자신이 천재가 아닌지 의심할 정도로 놀라운 집중력을 발휘하기 때문이다. 성취력도 마찬가지이다. 성취력을 높이는 방법이 있다.

좋은 성과를 낸 대부분 사람들의 환경을 보면 알 수 있다. 집중할 수밖에 없는 상황이 대부분이다. 소설 『해리포터』의 작가 조앤 K. 롤링이나 천호식품의 김영식 사장님 등등 다수의 사람들이 궁지에 몰릴 정도의 어려운 환경에서 긍정적인 방법으로 집중한 결과들이다.

해뜨기 직전이 가장 어둡다는 말이 있다. 그만큼 칠흑 같은 어둠 뒤에 밝은 태양은 뜨는 것이다. 내가 정말 힘든 상황이라면 반드시 잘될 것이라는 확신을 갖기 바란다.

부모님 사업 보증으로 너무 힘들어서 방황했던 시기가 있었다. 도저히 감당할 수 없는 고통이었다. 빚 독촉 전화에 회사 조퇴를 하고 7천 원짜리 동태탕에 소주 2~3병을 먹고 하루를 혼절하고 보내기도 하고 삭힐 수 없는 아픔에 벗어날 수 없어서 미친 듯이 비 맞으며 차가 달리는 대로를 무작정 달려보기도 했다.

어느 것 하나도 문제 해결에 도움이 되지 않았다. 결국 지금 내가 어떻게 행동하느냐의 문제인 것이지 아무리 현실에서 도망치려 해도 벗어날 수 없다는 것을 깨닫게 되었다.

결국, 한계에 도전하는 과정에서 긍정적인 가능성을 확신으로 깨닫게 되었을 때 스스로 성취력이 높아짐을 경험했다. 그렇다고 일부러 어려움을 경험하라는 것은 아니다. 하지만 조금 더 감당하기 힘든 어려운 목표에 도전하면서 깨닫게 되는 성취력이 결국 더 큰 성취력을 높이게 되는 방법이었다.

더 큰 목표에 도전하라

어느 정도 쉬운 목표들을 이룬 경험을 했다면 자신 능력의 120% 정도의 목표에 도전해보자. 성공을 통해 생각보다 더 큰 목표도 이룰 수 있을 것 같은 성취감을 느낄 수도 있고 실패로 좌절을 맛보기도 할 것이다. 하지만 과정에서 얻는 것은 무척이나 값진 경험이 된다. 한계에 도전하는 것만큼 더 크게 성장하는 방법은 없다.

누구나 안 될 것 같다고 말하는 것, 쉽지 않아서 누구나 도전하지 않는 분야, 힘들고 어려울 것이 눈에 보이는 일 등에 도전해야 한다. 자신의 한계를 경험하는 것 이상의 좋은 동기부여는 없다. 또한 그 과정을 이겨내면 더 큰 시야와 함께 다른 세상을 보게 될 것이다.

벌써 19대 국회의원 총선거에서 청년비례대표로 20대 국회의원 총선거에서 지역에서 예비후보로 두 번의 도전을 했다. 주변에서 어린 나이에 너무 무모한 것 아니냐는 말을 하는 사람도 있었고 현실 정치가 신인들에게 너무 기회를 주지 않는 것 아니냐는 격려도 받았다.

자세한 내용은 아무도 모른다. 자신만 알 수 있다. 누가 어떤 이야기를 하든지 상관없다. 모든 과정에서 나는 많은 것을 느꼈고 배웠다. 그리고 지금은 더 가능성을 높여가는 방법을 진행하고 있다.

　내가 바뀌지 않으면 세상은 결코 바뀌지 않는다. 내가 더 큰 목표에 도전하지 않으면 그 이상을 얻을 수 있는 가능성은 없다. 상식 밖의 너무 위험하고 무모한 도전이 아니라면 도전은 언제나 아름답다. 도전하지 못하는 사람들이 하는 말은 크게 신경 쓸 필요 없다. 그냥 기회가 될 때 지금까지보다 조금 더 큰 목표에 도전할 뿐이다.

04

성취력을 느껴라!

예전에 비하면 절약하고 저축하고 통장에 돈이 쌓이는 즐거움을 느끼기가 쉽지 않다. 신용카드로 인해 편리해진 것도 있지만 능력 이상으로 소비하고 어려움을 겪을 만큼 무엇인가 아끼고 모으고 쌓아가는 즐거움을 느낄 기회가 줄어든 것은 사실이다. 성취력의 기본이 쌓아가는 즐거움이다. 『마시멜로 이야기』에서 알 수 있듯이 당장의 만족감보다 더 큰 성취감을 위해 지금의 노력들이 즐거워야 하기 때문이다.

사실 지금 당장 하고 싶은 것을 못하고 참아가면서 미래를 위해 힘든 일을 감내하는 것이 쉬운 일은 아니다. 그럼에도 통장에 잔고가 쌓여서 목표한 목돈을 마련했을 때의 기분처럼 일상에서 느끼는 소소한 즐거움을 느껴라. 지금의 노력들을 고생이라고 생각하지 않고 열심히 살아가는 방법을 통해 성취력의 행복을 느끼기 바란다.

│ 작은 성공이 습관이 된다

아무리 멘탈이 좋은 사람도 잦은 실패에 장사가 없다. 좌절, 실패, 포기 듣기만 해도 기분이 나빠진다. 기분 좋은 상태를 유지하기 위한 작은 성공의 법칙이 필요하다. 특히 어떤 일을 시작함에 있어서 처음 도전한 목표가 어떤 것이냐에 따라서 다음의 도전으로 이어질 수도, 그것으로 끝날 수도 있다.

잦은 실패가 반복되지 않게 하기 위해서는 요령이 필요하다. 처음 목표를 잡을 때 자신의 능력에 80% 정도의 목표를 잡고 시작하는 것이다. 처음부터 도저히 불가능한 것에 도전하면 도전을 통한 성공의 습관이 만들어지기도 전에 실패의 아픔으로 더 이상 도전할 에너지를 잃게 되기 때문이다.

처음에는 가볍게 달성할 수 있는 목표부터 시작해서 조금씩 단계를 높여가며 도전하면서 자신감도 키우고 성과에 대한 만족감과 성취감을 통해 스스로의 성취력을 키워나가는 것이 필요하다.

하루 일과를 생각해보자. 아침부터 기분 나쁜 일이 생기면 하루 종일 다른 일이 손에 잡히질 않는다. 반면에 아침에 좋은 말 한마디라도 들으면 기분 좋게 하루를 보낼 수 있는 논리와 같은 것이다. 자신감은 많은 성공의 경험에서 시작된다.

"나는 무엇이든 도전하면 반드시 성취하는 편이다. 나는 어떤 어려움이 있더라도 결국 해결하는 편이다."라는 마음을 스스로가 느낄 수 있도록 지속적인 관리가 필요한데 어떤 일의 시작에서 처음부터 실패를 맛보기 시작하면 어떤 도전에도 두려움이 생기고 도전하기 꺼려할 수밖에 없다.

그만큼 자신의 상황에 맞는 도전의 시작으로 작은 성공을 하나씩 쌓아가는 즐거움을 통해 성공의 습관을 만들어라. 그렇게 하는 것이 성취력을 느끼게 하는 방법 중에 첫 번째 방법이다.

▎잘 되는 사람과 가까이하라

잘 되는 사람은 잘 되는 이유가 있다. 안 되는 사람은 안 되는 이유가 반드시 있다. 세상에 이유 없이 그냥은 거의 없다. 그래서 잘 되는 사람과 가까이해야 한다. 그렇게 잘 되는 사람들의 이유를 하나씩 알아가고 그것을 배우는 것이 내가 경험해서 실패와 시행착오를 겪는 것보다 훨씬 효율적으로 일할 수 있는 방법이기 때문이다.

잘 되는 사람 주변에는 잘 되는 사람들이 많다. 그런 사람들의 특징은 자신의 에너지를 빼앗길 만한 사람들은 멀리한다. 자신에게 도움이 되고 항상 밝고 긍정적인 에너지를 나눠줄 수 있는 사람들과 함께한다.

만나는 사람을 바꾸지 않고는 인생의 변화를 바라는 것 자체가 불가능하다고 말할 수 있다. 그만큼 지금 내 주변에 있는 사람들은 어떤 사람들인지 체크해야 한다. 만약 늘 불평불만만 말하는 사람들과 어울리고 있다면 가급적 멀리하고 가급적 나에게 용기와 긍정의 에너지를 줄 수 있는 사람들 위주로 만나도록 노력해보자.

아직 취업이 안 된 친구들은 대부분 도서관에서 같이 모여서 공부한다. 어느 정도 기간이 지나면 일찍 취업한 친구들은 도서관을 떠나고 남은 사람들은 자신들의 상황을 서로 위로하며 열심히 취업을 위해서 공부에 매진한다. 하지만 그 생활이 길어지다 보면 익숙해지고 반복되는 취업실패에 대한 감정도 무뎌지기 시작한다. 그럴 때 계속 그곳에 머물러서는 안 된다. 무엇인가 분위기를 바꿀 필요가 있다. 아침 일찍 도서관에 나가서 자리를 맡고 아침식사를 핑계로 친구들과 모였다가 PC방에 가거나 당구장에 가거나 점심식사 이후에 비나 눈이 오면 술 한 잔을 한다거나 결국 현실의 고통을 당장 피하기 위한 몇 가지 의미 없는 생활이 반복되기 때문이다.

굳이 안 되는 사람들과 함께 모여서 서로를 위로하고 마음의 평안을 찾기보다는 차라리 먼저 취업한 선배들을 찾아보거나 각종 프로그램에 참여해서 자신의 부족한 부분을 찾아내고 취업이 안 되는 근본적인 원인을 해결하는 데 노력하는 것이 훨씬 도움이 된다.

성취력도 전염된다

언제나 안 될 것 같은 일들도 주변에서 좋은 일들이 생기면 나도 모르게 잘될 것 같은 기분을 느낀다. 하지만 그런 느낌만으로 잘되는 것은 아니다. 단지 자연스럽게 그런 분위기가 잘될 수 있는 환경을 만들어가는 것뿐이다. 평소에 자신이 불가능하다고 판단해서 시도조차 하지 않았던 일들도 이런 상황이 되면 '나도 한번 도전해볼까!' 하는 생각을 갖게 된다.

사실 도전하지 않고 섣부른 판단으로 '된다. 안 된다.'를 말하는 것 자체가 문제다. 그런 시각에서 보면 주변에 성취력을 발휘하는 좋은 사람들과 함께하는 것만으로도 좋은 태도와 좋은 생각을 본받으며 전체적으로 긍정적인 에너지와 함께할 수 있는 기회를 마련하게 된다. 그런 면에서 성취력은 전염된다.

주위에 알고 있는 사람 중에 항상 일이 잘 풀리는 것 같은 사람이 있다면 잘 관찰해보자. 분명히 그 사람이 갖고 있는 특별한 무언가가 그 사람에게 지속적인 성공을 가능하게 만드는 것이다.

선순환의 사이클이라는 말이 있다. 한 번 성공의 궤도에 올라가면 반복적으로 성공이 지속되는 경우가 많다. 한 번 실패의 길에 접어들면 계속 어떤 일을 해도 안 되는 상황이 반복되는 악순환의 사이클을 만들지 않는 것도 중요하다.

너무 힘들고 지칠 때 함께했던 소중한 사람들이 있다. 대단한 성취력을 소유한 사람의 도움을 받는 것도 좋지만 작은 일상에서도 언제나 좋은 기운이 넘치는 밝은 사람들이 있다. 내 주변에 그런 분위기가 유지될 수 있도록 가급적 나에게 따뜻한 말 한마디와 함께 활기찬 에너지를 제공하는 좋은 사람들을 두는 노력이 필요하다. 말하기 시작하면 불평, 불만, 부정적인 말투로 일관하는 사람은 가급적 멀리하는 것이 좋다.

자신의 능력을 정확히 판단하라

최근 음주운전단속 관련 경찰의 인터뷰에서 들은 말이 있다. "자신이 먹은 술은 과소평가하고 자신의 운전 실력은 과대평가한다."라는 말이었다. 음주운전은 당연히 절대 하면 안 된다. 경찰의 인터뷰에서 느낀 점이 있다.

많은 사람들이 자신의 능력을 평가함에 있어 상황에 따라서 기준이 달라진다는 것이다. 철저하게 냉정할 필요가 있는 부분이다. 과거의 경험을 통해서 어느 정도 자신의 역량은 측정이 가능하다. 하지만 주어진 기회를 놓치는 경우를 보면 자신의 능력을 너무 과소평가하거나 도전 자체를 부정적으로 생각하는 경우가 많다. 시간이 지나 그때 그것을 할 걸이라는 후회를 해도 소용이 없다.

대부분의 후회는 실패한 것에 대한 후회가 아니다. 대부분 도전하지 않아서 아쉬워하는 후회가 더 많다. 자신의 능력을 믿어라. 시도하지 않은 후회를 하지 말고 도전하고 시행착오를 통해서 발전하라. 그래야 후회가 없다.

기회가 주어지는 과정이 있다. 무모한 도전을 강요하지는 않는다. "자리가 사람을 만든다."는 말처럼 기회가 주어진다는 것은 그만한 감량이 되었다는 말의 반증일 수도 있다. 하지만 스스로 자신감 없이 시도조차 하지 않는 경우가 많다면 어찌 보면 좋은 기회를 차버리는 것과 다를 바가 없다.

너무 과신하고 자신의 실력을 능력 이상으로 과대평가할 필요는 없지만 최소한 내게 주어진 기회를 잡을 수 있을 만큼의 자신감과 스스로를 믿는 마음은 꼭 필요하다. 어린 나이에 지점장의 기회가 주어졌을 때 망설였다면 지금의 성장은 없었을 것이다. 기회를 잡을 때는 누구보다 과감해야 한다. 놓치지 않겠다는 생각과 마음가짐이 좋은 기회가 왔을 때 잡을 수 있는 눈과 용기를 갖게 한다. 자신의 능력을 믿어라. 누구보다 더 많은 기회가 시야에 들어오기 시작할 것이다.

05

성취력을 누려라!

어떤 일을 마무리하고 느끼는 감정은 두 가지이다. 첫째가 해냈다는 성취감이고 둘째는 무언가 아쉬운 공허함이다. 사실 어떤 분야든 최고의 자리에까지 성공한 사람들이 느끼는 감정은 성취감보다 공허함이 크다고 한다. 나 또한 어려운 시기를 지내고 어느 정도 위치에 올라갔을 때 느꼈던 공허함을 잊을 수 없다.

'내가 이렇게 되려고 그렇게 열심히 살았나!'

약간의 아쉬움과 후회 과도한 고생에 대한 안타까움이 느껴졌던 것이다. 하지만 앞을 내다보고 미래를 위해서라도 성취감을 누려야 한다. 성취감을 느낀 만큼 더 큰 도전과 다음을 기약할 수 있다. 현실에 안주하는 순간 지금까지 지켜왔던 많은 것들이 물거품처럼 사라지는 경험도 해봤다. 지금의 작은 성취로 인해 자만하거나 만족해서는 안 된다. 고생한 만큼의 충분한 성취감을 누려라!

▎확신에 찬 성취감을 가져라

지난 일에 후회는 누구나 한다. 잘했든 못했든 후회는 있기 마련이다. 하지만 절대로 하지 말아야 할 것이 아쉬움의 표현이다. 최선을 다하고 얻어진 성취라면 과정의 모든 아쉬움은 뒤로하고 만족해야 한다.

자신에게 충분한 보상을 해준다는 생각으로 확신에 찬 성취감을 가져야 한다. 어찌 100% 만족할 만한 결과가 있겠는가! 누구나 아쉬움은 남지만 지금까지 고생했던 많은 시간의 결과에 대해서 확신에 찬 성취감으로 극복해야 또 다른 도전이 설렐 것이다. 그렇지 않으면 거기가 끝이라는 것을 잊지 말자. 잠시 쉬고 여유를 가질 필요는 있다. 하지만 너무 오래 멈춰버리면 다시 달려나갈 에너지를 잃게 된다. 확신에 찬 성취감을 가져라.

남들은 0에서 시작했기 때문에 느끼지 못하는 감정이 있다. 마이너스에서 0이 되는 순간 모든 것이 다 된 것 같은 기분이다. 하지만 많은 사람들은 0에서 하나씩 새롭게 만들어가고 있는데 나는 마이너스가 더 이상 아니라는 이유로 위안을 삼고 이제 시작이라는 것을 잊은 채 그 자리에 주저앉아 쉬고 싶었던 것이다.

하루 이틀 그렇게 보내기 시작하면 한 달 두 달 금방이다. 내가 지금까지 고생해서 겨우 남들과 같은 시작점을 만들어 놓은 것에 만족하는 순간 그 이상으로 갈 수 있는 에너지가 없다는 것을 깨닫게 된다.

절대로 퍼져서는 안 된다. 스스로가 자신이 일구어낸 상황을 너무 크게 생각해서 다음을 놓치는 일이 없도록 확신에 찬 성취감을 유지할 수 있어야 한다. 진정한 승부는 남들과 같은 상황이 된 이후 어떻게 하느냐이다. 결코 방심해서는 그 이상은 없음을 기억하자.

뿌린 만큼 거둔다는 것을 명심하자

공짜가 없는 세상이다. 작은 마음이라도 나눠야 따뜻함이 전해지고 작은 땀방울이라도 흘려야 고생한 결과가 나온다. 생각하지 않았던 운으로 쉽게 얻은 것들은 그만큼 쉽게 잃게 되는 것이 진리이다.

성공한 유명인들의 이야기를 듣고 있다 보면 참 쉽게 그곳에 도달한 것처럼 느껴질 때가 있다. 하지만 사실 전체를 다 보여주는 것이 아니기 때문에 우리는 뒷이야기를 모른다. 얼마나 많은 고민과 고통 그리고 노력이 있었는지 우리는 앞에 보이는 화려함보다 뒤에 숨겨진 고생을 알아야 한다. 그리고 그것이 충분히 뿌린 만큼 거둔 것이라고 확신해야 한다.

세상에 공짜는 정말 없다. 노력하지 않고 얻은 결과는 반드시 탈이 나고 문제가 된다는 것을 잊지 말자.

흙수저, 금수저 논란이 많았던 시기에 유행했던 말이 있다. "빽쓰는 것도 능력이다."라는 말이다. 참 들으면 들을수록 화도 나고 속상한 말이다. 하지만 어찌 보면 그것이 우리의 현실일 수도 있다는 생각이 든다.

현재 사회 전반에 걸쳐있는 불신이 바로 노력한 만큼의 결과를 얻을 수 없다는 것이다. 고생은 죽어라 했는데 크게 열심히 하지 않은 친구가 나보다 더 큰 보상을 받게 된다면 누가 최선을 다하겠는가! 그렇지만 세상이 바뀌어간다. 철저하게 쉽게 얻은 보상은 탈이 나기 마련이고 빽이 아니라 실력으로 승부한 사람들이 빛을 보기 시작했다.

철저하게 자신의 노력만 믿고 '뿌린 만큼 거둔다'는 진리를 명심하자. 그래야 흐트러짐 없이 지금 순간에 최선을 다할 수 있다.

| 자만하지 말고 감사해라

진짜 실력으로 잘된 경우가 얼마나 될까? 실제로 확인해보면 '운칠기삼'이라는 말처럼 모든 것에 운이 작용한다. 정말 크게 노력하지 않아도 운이 좋거나 인맥이 두텁거나 주변에 팬덤이 충분한 사람은 실력보다 주위에 도와주는 사람들 덕분에 잘되는 경우가 더 많다.

생각보다 세상에 혼자 할 수 있는 일은 많지 않다. 대부분 누군가의 도움을 받거나 함께 도와가며 서로 성장하는 것이다. 이럴 때 조심해야 하는 것이 건방짐이다. 항상 겸손한 자세로 자신의 성과는 함께해준 주위 분들의 노력이 모여서 된 결과라는 것을 잊어서는 안 된다. 절대로 자만하지 말고 매순간에 감사해야 한다.

처음으로 총학생회장에 도전했을 때 생긴 빚을 해결하기 위해 오토바이를 타고 동네마다 헬스클럽에 건강보조식품을 배달 다니면서 어렵게 돈을 벌었다. 우선 빚부터 해결하고 남은 돈으로 H도자기 창립기념 머그컵 세트를 저렴한 가격으로 구매해서 인사를 다녔었다.

낙선으로 많은 분들에게 실패의 상처만 안겨드렸지 도움만 받고 해준 것이 아무것도 없어서 당시 내가 할 수 있는 범위 내에서 최선을 다해서 마음을 담은 선물을 한 것이다. 그냥 진심을 다해서 감사한 마음을 전하고 싶었다. 그 결과 두 번째 도전 당시에 따뜻한 마음이 모여서 돈 한 푼 없던 내가 다시 총학생회장 선거에 출마하게 되었고 당선될 수 있었다. 아마도 한 번에 당선되었다면 지금처럼 그때의 감사함을 제대로 알 수 없었을 것이다.

성취력을 나눠라

주위에 성취력이 넘쳐난다면 어떤 일이 벌어질까? 가까운 지인들 모두가 부정적인 생각보다는 할 수 있다는 자신감과 확신을 갖고 산다면 나에게는 어떤 영향이 있을까? 아마도 모두가 지금 순간에 만족해하고 즐겁고 행복한 일상을 보내고 있을 것이다. 그만큼 나의 성취력도 중요하지만 내 주변의 성취력도 중요하다.

내가 경험한 이뤄내는 힘! 성취력에 대한 경험을 주위 사람들과 함께 나누면 더욱 좋다. 부정적인 시각으로 나의 도전을 막아왔던 주위 사람들이 응원해주고 어떻게 하면 가능할 것인지에 대해서 함께 고민해주는 기적 같은 일상이 벌어지게 될 것이다. 항상 나를 힘들게 했던 주변의 말 한마디와 항상 내가 주변 사람들을 힘들게 했던 부정적인 말부터 없어지고 함께 지금 순간에 최선을 다하며 즐길 수 있는 삶을 누려야 한다.

가끔 주변에 경험담을 들려주면 "당신이기에 가능했던 것은 아닌가?"라는 의심의 질문을 듣고는 한다. 하지만 과거 나의 생활이나 경험을 다시 생각해보면 처음부터 내가 대단한 성취력의 소유자가 아니었음을 확인한다. 그냥 평범한 사람도 누구나 성취력에 대한 작은 경험을 하게 되는 순간 생각이 바뀌고 어떤 도전도 두렵지 않은 자신을 발견하게 된다.

좋은 것은 나눠야 배가 된다. 주변에 성취력을 통한 기적의 경험들을 나눠라! 주변에 성취력으로 충만한 사람들이 늘어나는 만큼 자연스럽게 나의 성취력도 높아지게 된다. 함께 잘되는 방법, 윈윈 전략이 바로 성취력을 나누는 것이다.

내 주변에는 이상할 만큼 열심히 사는데 잘 안 되는 사람이 많다면 단순히 열심히 하는 것이 아니라 성취력의 경험을 나누고 즐겁고 행복한 삶을 누릴 수 있도록 함께 고민해 보는 것은 어떨까! 당신의 성취력을 나눠라! 그러면 더욱 빛을 보게 될 것이다.

되는 사람들의 비밀 *성취력*

초판 1쇄	2018년 03월 28일

지은이	이상훈
발행인	김재홍
디자인	지식공감
교정·교열	김진섭
마케팅	이연실

발행처	도서출판 지식공감
등록번호	제396-2012-000018호
주소	경기도 고양시 일산동구 견달산로225번길 112
전화	02-3141-2700
팩스	02-322-3089
홈페이지	www.bookdaum.com

가격	15,000원
ISBN	979-11-5622-357-3 03190

CIP제어번호	CIP2018007623
	이 도서의 국립중앙도서관 출판예정도서목록(CIP)은 서지정보유통지원시스템 홈페이지 (http://seoji.nl.go.kr)와 국가자료공동목록시스템(http://www.nl.go.kr/kolisnet)에서 이용하실 수 있습니다.

© 이상훈 2018, Printed in Korea.

- 이 책은 저작권법에 따라 보호받는 저작물이므로 무단전재와 무단복제를 금지하며, 이 책 내용의 전부 또는 일부를 이용하려면 반드시 저작권자와 도서출판 지식공감의 서면 동의를 받아야 합니다.
- 파본이나 잘못된 책은 구입처에서 교환해 드립니다.
- '지식공감 지식기부실천' 도서출판 지식공감은 창립일로부터 모든 발행 도서의 2%를 '지식기부 실천'으로 조성하여 전국 중·고등학교 도서관에 기부를 실천합니다. 도서출판 지식공감의 모든 발행 도서는 2%의 기부실천을 계속할 것입니다.